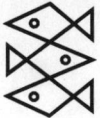

Die Fernsehserie **Star Trek** – Uneingeweihten auch als »Raumschiff Enterprise« bekannt – fasziniert seit über 30 Jahren Millionen von Menschen. Sie hat eine ganze Industrie geschaffen, die mit Kinofilmen, Büchern und Fanartikeln weltweiten Absatz findet. Darüber hinaus entwickelte sich eine lebendige und vielfältige Fanszene, die sich mittlerweile geradezu ein eigenes »Paralleluniversum« geschaffen hat.

Woher stammt die ungeheure Faszination von **Star Trek**? Ganz offensichtlich genügt die Serie nicht nur den normalen Unterhaltungsansprüchen – Stars, Spannung, Spezialeffekte –, sondern bietet etwas darüber Hinausgehendes an, nämlich den Blick in eine »bessere« Welt, die die gegenwärtigen Probleme der Menschheit weitgehend gelöst hat. Mit einem Wort also: Utopie. Die Möglichkeit, die Handlung der einzelnen Serienfolgen immer wieder in ein Verhältnis zu setzen mit tatsächlichen Gegenwartsproblemen, erfüllt ganz offensichtlich ein Bedürfnis der Zuschauer nach utopischen Entwürfen.

Die Beiträge dieses Buches verorten **Star Trek** im Spannungsfeld zwischen Unterhaltung und Utopie. Abgerundet wird der Band durch Porträts wichtiger **Star Trek**-Figuren, Informationen über die Serie und den Fankult und ein Gespräch mit drei **Trekkern**.

Kai-Uwe Hellmann, geboren 1962, Dr. phil., arbeitet als Sozialwissenschaftler in Berlin.

Arne Klein, geboren 1965, ist Medienwissenschaftler in Berlin.

Angaben über die Autorinnen und Autoren finden sich am Ende des Bandes.

»Unendliche Weiten...«

STAR TREK zwischen
Unterhaltung und Utopie

Herausgegeben von
Kai-Uwe Hellmann und
Arne Klein

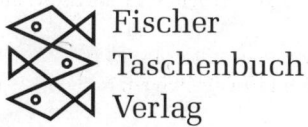

Fischer
Taschenbuch
Verlag

Lektorat: Oliver Thomas Domzalski

Originalausgabe
Veröffentlicht im Fischer Taschenbuch Verlag GmbH
Frankfurt am Main, Mai 1997

© Fischer Taschenbuch Verlag GmbH, Frankfurt am Main 1997
Alle Rechte vorbehalten
Gesamtherstellung: Clausen & Bosse, Leck
Printed in Germany
ISBN 3-596-13579-6

Gedruckt auf chlor- und säurefreiem Papier

Inhalt

Arne Klein / Kai-Uwe Hellmann
Vorwort

Seit fast 30 Jahren erfahren die Serienfamilie von *Star Trek, Star Trek – The Next Generation, Deep Space Nine* und *Voyager* sowie die mittlerweile acht Kinofilme eine außerordentliche Resonanz. Neben zahlreichen Publikationen von Fans und Wissenschaftlern – zuletzt erschien von dem renommierten Physiker Lawrence M. Kraus »Die Physik von Star Trek« – und einem blühenden Devotionalienhandel haben sich in den vergangenen Jahren international vernetzte Fangemeinden etabliert, die deutlich protoreligiöse Züge tragen. Inspiriert durch die sendungsbewußten Äußerungen Gene Roddenberrys, des 1991 verstorbenen Schöpfers des *Star-Trek*-Universums, treffen sich die selbsternannten *Trekker* zu Zehntausenden anläßlich der über 200mal jährlich stattfindenden *Conventions* und ungezählten *Trekdinner*. Hier werden die neuesten Sternenkarten, Raumschiffhandbücher und andere Fachliteratur diskutiert, Rezeptionserlebnisse ausgetauscht, Schnellkurse in Klingonisch absolviert oder aber die Reichweite der serieneigenen *Trekker*-Philosophie ausgelotet. Fanzines, Computernetzwerke und Clubs garantieren jederzeit einen weltweiten Informationsaustausch. Allein in den USA gibt es über 3 Millionen registrierte *Trekker* – bei über 30 Millionen Zuschauern. Bekennende *Trekker* finden sich – bei einem annähernd ausgeglichenen Geschlechterverhältnis – nicht nur unter technikbegeisterten Jugendlichen, sondern in fast allen Berufs- und Altersgruppen. Zu ihnen zählen bzw. zählten auch Wissenschaftler wie Stephen Hawking, Künstler wie Joseph Beuys und politisch ambitionierte Militärs wie Ex-General Colin Powell.

Die starke Resonanz ist sicherlich auch auf den hohen Unterhaltungswert der Serie zurückzuführen, auf Stars, Spannung und Spezialeffekte. Offensichtlich spricht *Star Trek* aber mehr an als nur das Bedürfnis nach Kurzweil, Nostalgie oder Weltflucht. Denn die Faszination, die vom *Star-Trek*-Universum ausgeht, liegt nicht allein in der Möglichkeit einer Verwechslung von Fiktion und Realität oder in einem wohlkalkulierten Marketingeffekt, sondern sie hat etwas mit der hohen Anschlußfähigkeit des angebotenen Zukunftsbildes an gegenwärtige Problemlagen zu tun. *Star Trek* erschöpft sich nicht nur in Action und Sciencefiction, Sozialkritik und Trostpflaster, sondern transportiert eine Zukunftsvision, die utopische Züge trägt. Es wird gewissermaßen ein Fern-Blick geworfen auf eine ›bessere‹ Zukunft, auf ›bessere‹ Verhältnisse, auf ›bessere‹ Menschen. Fragt man daher, warum *Star Trek* so faszinierend ist, dann lautet eine Antwort: weil zur Unterhaltung die Utopie tritt. Ein Großteil der Faszination von *Star Trek* läge somit in dem Anspruch, es mit den idealen Gesellschaftsmodellen der Frühen Neuzeit wie der *Utopia* von Thomas Morus und späteren Utopien aufzunehmen.

Dieses Buch widmet sich deshalb ganz der Frage, inwieweit die Faszination von *Star Trek* tatsächlich damit zu erklären ist, daß die Serie nicht nur gute Unterhaltung bietet, sondern auch eine faszinierende Utopie. Um diese Frage zu beantworten, haben wir die Unterscheidung von Unterhaltung und Utopie in drei Abschnitte aufgeteilt. Den Anfang machen Richard Saage und Herfried Münkler, die den Begriff der Utopie und den Unterschied zwischen Utopie und Science-fiction ganz allgemein bestimmen. Im zweiten Abschnitt geht es Karlheinz Steinmüller und Kai-Uwe Hellmann um die zentrale Frage, inwiefern *Star Trek* tatsächlich utopische Züge aufweist. Zuletzt beschäftigen sich Knut Hickethier und Reiner Matzker aus medienwissenschaftlicher Perspektive mit *Star Trek* und dem Unterhaltungscharakter dieser Serie. Aufgelockert wird dies durch Einzelbeiträge von *Star-Trek*-Fans zu speziellen Aspekten der Serie. So werden ›unbedarfte‹ Leser gleich vorneweg in einigen kurzen Beiträgen mit der Geschichte und dem Fandom von *Star Trek* vertraut gemacht. Es folgen Porträts von zentralen Akteuren der Serie wie dem Androiden Data und den Borg, sowie ein Essay über die Shakespeare-Rezeption in *Star Trek*. Schließlich zieht Arne Klein in seinem Schlußbeitrag Bilanz.

Die Herausgeber möchten nicht nur darüber aufklären, was es heißt, ein *Star-Trek*-Fan zu sein, sondern auch verständlich machen, warum eine Serie wie *Star Trek* derart viel Aufmerksamkeit auf sich zieht. Inwiefern die Vermutung zutrifft, daß die Faszination dieser Serie nicht nur mit ihrem Unterhaltungswert zu tun hat, sondern auch mit einem utopischen Moment, muß die weitere Diskussion zeigen. Ein Anfang ist gemacht, die Reise kann losgehen, »Unendliche Weiten« liegen vor uns.

Torsten Dewi
Star Trek – Was ist das?

Um den Lesern, die sich zwischen den *Star-Trek*-Serien und -Filmen nicht mehr zurechtfinden, die Lektüre dieses Buchs zu erleichtern, seien hier zunächst die wichtigsten Eckdaten chronologisch aufgeführt.

- 1967 entsteht in Amerika die Serie *Star Trek* (deutsch: *Raumschiff Enterprise*), die sich um die Figuren Kirk, Spock und McCoy dreht. Die Serie wird um der Unterscheidung willen auch *classic Trek* oder *The Original Series* (TOS) genannt. Sie läuft in den USA bis 1969, in Deutschland ab 1970.
- 1978 schafft die Crew der *Enterprise* mit *Star Trek: Der Film* den Sprung auf die Kinoleinwand. Bis 1994 folgen fünf Fortsetzungen mit der alten Besatzung.
- 1987 startet in Amerika *Star Trek: The Next Generation* (*Raumschiff Enterprise: Das nächste Jahrhundert*) im Fernsehen. Diesmal drehen sich die Geschichten um Picard, Riker und den Androiden Data. Die Serie läuft bis 1994 und wird damit zur erfolgreichsten Science-fiction-Serie aller Zeiten.
- 1993 läuft mit *Deep Space Nine* die dritte Fernsehserie aus dem *Enterprise*-Stall an. Die Abenteuer von Siko, Kira und dem Gestaltwandler Odo spielen auf einer Raumstation und erreichen nicht den Erfolg der beiden anderen Serien.
- 1994/95 übergibt die »classic« Crew mit *Star Trek: Treffen der Generationen* im Kino das Zepter an die Darsteller der Serie *Raumschiff Enterprise: Das nächste Jahrhundert*, die künftig die Leinwandabenteuer bestreiten sollen.
- 1995 läuft die Fernsehserie *Star Trek Voyager* (*Star Trek: Raum-*

schiff Voyager) an und wird das Zugpferd des neuen TV-Networks UPN, obwohl die erhofften Quoten trotz eines guten Starts nicht erreicht werden.

Worum geht es in Star Trek?

Star Trek handelt von einer Gruppe von Menschen bzw. Wesen, deren Aufgabe es ist, im unwirtlichen Weltraum zu leben und mit anderen Wesen in Kontakt zu treten. Zumeist handelt es sich bei den Protagonisten um eine Raumschiff-Crew, nur im Fall von *Deep Space Nine* geht es um die Belange einer Raumstation. Die jeweilige Crew fliegt im Auftrag der Sternenflotte unter der Flagge der »United Federation of Planets«. Ihr Auftrag ist die Erforschung des Weltalls, wenngleich militärische Strukturen wie Uniformierung, Ränge etc. unübersehbar sind. Die militärische Hierarchie entspricht der der heutigen US-Marine.

Zumeist treffen die Raumschiffe auf

- Weltraum-Phänomene (sog. »Anomalien«), deren Auswirkungen die Crew für kurze Zeit aus der Bahn werfen (»Durchdrehen«, Gedächtnisverlust etc.). Diese Phänomene betreffen manchmal auch nur ein Besatzungsmitglied, das dann im Rahmen der Story näher beleuchtet wird;
- fremde Rassen, die mitunter zwar technologisch überlegen sind, aber (aus irdischer Sicht) moralische oder gesellschaftliche Fehlentwicklungen aufweisen, die es zu korrigieren gilt.

Besonders wichtig bei allen Problemlösungen ist die Teamarbeit der Crew, die sich hundertprozentig aufeinander verläßt. Dabei wird Wert darauf gelegt, daß die unterschiedlichen Sternenvölker durch ihre einzigartigen Fähigkeiten zum Gelingen der Missionen beitragen. Die Gruppe wird zur Familie, zumal echte Familien an Bord der Raumschiffe zwar erlaubt sind, aber, was die Hauptakteure angeht, kaum eine Rolle spielen. Ein wirkliches Privatleben scheint niemand zu haben (obgleich durchaus Hobbies im Rahmen der Gruppe gepflegt werden).

Technische Probleme sind nie wirklich lebensbedrohend, da die Mannschaft, die nur aus lauter Spitzenleuten besteht, auch das Unmögliche möglich macht. Persönliche Schwierigkeiten oder charakterliche Schwächen, die eine Mission gefährden könnten, gibt es nicht. Diese moralische und charakterliche Einheitlichkeit aller Figuren drückt sich auch in der Uniformierung und der praktisch identischen Einrichtung der Quartiere aus.

Die Philosophie von *Star Trek*

Die Philosophie von *Star Trek* zusammenzufassen ist schwierig, weil sie über die Jahre einem ständigem Wandel unterworfen war, und weil es zwischen der Theorie und der Praxis der Besatzung oft Widersprüche gibt, die sich argumentativ nur schwer auflösen lassen. Einige Eckpunkte seien dennoch zum besseren Verständnis genannt.

• *Die Toleranz gegenüber allen Rassen und Völkern des Universums*, ein elementarer Bestandteil des Trek-Universums. Grundsätzlich gilt die Regel, daß keine Rasse einer anderen überlegen ist. Im Widerspruch dazu werden manche Rassen allerdings doch als grundsätzlich moralisch unterentwickelt gezeichnet. Der gesamte Aufbau des Universums ist »geozentrisch«, d. h., die Erde steht im Mittelpunkt des galaktischen Kartensystems. Es ist außerdem auffällig, daß es im Gegensatz zu den Menschen keinem Sternenvolk gelungen ist, seinen Machtbereich friedlich zu erweitern.

• *Die Nichteinmischung in die Belange anderer Sternenvölker.* Die sogenannte *Prime Directive* verbietet es, daß andere Völker, die mangels eigener Weltraumfahrt noch keinen Kontakt aufnehmen konnten, »technologisch aufgerüstet« werden, damit die Fortentwicklung ihrer Kultur nicht gestört wird. Besonders bei *classic Trek*, aber auch in einigen Folgen der neueren Serien wurde diesem Prinzip allerdings nicht viel Beachtung geschenkt. *Star Trek: Raumschiff Voyager* hält sich hingegen bis an den Rand der Selbstaufgabe an diese Regel.

- *Multikulturelle Strukturen.* Die Mannschaften sind bei *Star Trek* immer bunt gemischt (Asiaten, Vulkanier, Afrikaner, Klingonen, etc.). Auch eine Bevorzugung männlicher Besatzungsmitglieder findet angeblich nicht statt. Schlüsselt man die Personen jedoch nach Aufgaben, Bedeutung für die Serie und Rollenverhalten auf, werden sehr traditionelle Maßstäbe sichtbar. Außerdem sind andere Raumschiffe selten auch nur annähernd so multikulturell besetzt.

- *Friedliche Erforschung und Ausbreitung des menschlichen Einflußbereichs.* Laut den Prinzipien der Sternenflotte ist es die Aufgabe, andere Planeten zu erforschen, Kontakt aufzunehmen, Friedensverträge zu schließen etc. Ausgehend von der Tatsache, daß es insgesamt nur drei große Machtblöcke gibt (*Klingonen Romulaner Sternenflotte*), scheint es sehr unwahrscheinlich, daß sich Hunderte von Sternenvölkern diesen homogenen Blöcken freiwillig unterordnen.

- *Die Toleranz gegenüber fremden Religionen und Anschauungen.* Ein sehr problematisches Thema. *Star Trek* macht es sich sehr einfach, indem es fast allen Völkern eine Art Einheitsreligion unterstellt (mit Ausnahme der Episoden, in denen Glaubenskriege im Vordergrund stehen). Eine religiöse »Mischkultur« wie unsere findet sich unter den Sternenvölkern praktisch nie. Die religiösen Praktiken der Crewmitglieder werden angeblich toleriert, was aber nicht relevant ist, da sie nie mit dem Leben auf dem Schiff oder den Missionen kollidieren. Sie finden praktisch nicht statt, es sei denn, ein spezielles Ritual wird zum Mittelpunkt einer Folge erhoben. Homosexualität findet offiziell ebensowenig statt wie sexuell andersartige Orientierungen. Behinderte gibt es zwar (etwa der blinde Geordie), aber ihre Behinderungen werden durch technologische Errungenschaften negiert und sogar zu Vorzügen umfunktioniert (Geordie hat einen Visor, der es ihm ermöglicht, mehr zu sehen als Menschen). Überhaupt fällt die körperliche Makellosigkeit der Hauptfiguren auf, für die Übergewicht ebensowenig ein Problem zu sein scheint wie simple körperliche Unansehnlichkeit.

Jenseits dieser Gummi-Grundregeln ist das *Star-Trek*-Universum nur sehr rudimentär ausgeleuchtet, was viel Platz für Spekulationen läßt, den die Fans auch gerne nutzen. Eine Unmenge an Büchern gibt vor, die Strukturen des Trek-Universums aufzuzeigen, aber diese Werke scheitern an den mittlerweile unzählbar gewordenen Widersprüchen, die sich im Laufe der Jahrzehnte aufgebaut haben. Die Ursache hierfür liegt in der Tatsache begründet, daß es sich bei *Star Trek* um eine episodische Fernsehserie handelt, von der nie erwartet wurde, länger laufende Geschichten zu entwickeln oder Zusammenhänge herzustellen. Die Probleme der Episoden müssen eher oberflächlicher Natur sein, um innerhalb von 45 Minuten (oder, bei Zweiteilern, 90 Minuten) vollständig gelöst werden zu können. Außerdem kamen Autoren hinzu, die im Dienste einer Folge auch gerne etablierte Grundregeln über Bord warfen. Eine Science-fiction-Serie wie *Babylon 5* hat es da einfacher, denn sie ist konsequent vorausgeplant und relativ frei von Widersprüchen, so daß sie schon nach drei Jahren wesentlich komplexer und durchdachter erscheint als *Star Trek* nach 30.

Die Probleme der Konfliktübertragung

Analysiert man die Episoden von *Star Trek*, stößt man schnell darauf, daß meistens Themen der Gegenwart im futuristischen Gewand aufgearbeitet werden (Angst vor Atomenergie, Nordirlandkonflikt etc.). Diese Eigenschaft teilt *Star Trek* mit der Science-fiction im allgemeinen. Zumeist wird ein liberaler Standpunkt eingenommen, wobei die Produzenten allerdings eine allzu deutliche Positionierung sorgfältig vermeiden. Ein sehr gutes Beispiel dafür ist die Episode *The outcast* aus der Serie *Raumschiff Enterprise: Das nächste Jahrhundert*, die vorgibt, die Homosexualität zu thematisieren. Zwar verliebt sich der Erste

Offizier William Riker in ein androgynes Wesen (womit wir von der »wirklichen« Homosexualität schon weg sind), jedoch erfahren wir später, daß auch dieses Volk unsere Geschlechterunterteilung kennt, sie aber unterdrückt. Damit wird das Thema Homosexualität zwar angesprochen, aber durch die Verwässerungen ohne konkrete Aussagen stehengelassen. Die Vorsicht der Produzenten ist Ausdruck der Angst, durch brisante Stellungnahmen Zuschauer (zum Beispiel im christlichen »Bible belt« der USA) zu vergrätzen. Überhaupt ist mit dem wachsenden Erfolg der Serie ein Rückgang an Experimentierfreude und Mut der Autoren zu vermerken. Auch das gesamte Konzept der Serie(n) ist von Zeitbezügen durchzogen. Damit spiegelt jede *Star-Trek*-Serie ihre Entstehungsperiode wider. Das simpelste Beispiel sind die Klingonen, eine Kriegerrasse von mongolischem Äußeren. Diese Hauptgegner unserer Helden waren in den sechziger Jahren offensichtlich eine Verbindung des chinesischen mit dem russischen Feindbild und ein Kontrast zu den friedlichen Absichten der Sternenflotte (= Amerika).

Als 1987, mitten in der Gorbatschow-Ära, die nächste Generation einer *Enterprise*-Serie auf die TV-Schirme zurückkehrte, war diese Weltsicht obsolet. Deshalb konstruierten die Produzenten einen sehr wackeligen Frieden zwischen der Erde und den Klingonen, der wieder analog zur Tagespolitik funktionierte. Nachdem in den 90er Jahren die Lage in der ehemaligen Sowjetunion wieder deutlich instabiler geworden ist, haben die Produzenten der Serie sich den Kunstgriff erlaubt, durch Aufstände und Bürgerkriege im klingonischen Imperium neue Konfliktsituationen zu schaffen (siehe *Deep Space Nine*).

Diese Zeitbezüge machen *Star Trek* auch als Zeitdokument interessant. Durch die relativ kontinuierliche Modernisierung des Konzepts ergibt sich ein Gesamtbild des amerikanischen Selbstverständnisses der letzten dreißig Jahre, das sich gerade durch seine z. T. fortgeschrittene Überalterung als Fundgrube für Studien eignet.

Stefan Berreth/Christopher Witte

Topographie der Zukunft

Die Abenteuer des Serienraumschiffs beginnen Woche für Woche mit einer Übertreibung. Die *Enterprise* dringt *nicht* in *Galaxien* vor, die noch nie zuvor ein Mensch gesehen hat, vielmehr ist es nur unsere Milchstraße, in der sich die wundersamen Geschichten der Zukunft abspielen. Und obwohl die Schiffe im 24. Jahrhundert mit mehrfacher Lichtgeschwindigkeit den Raum durcheilen (»Warpgeschwindigkeit« 9,9), sind die zu bewältigenden Dimensionen unserer Milchstraße immer noch zu groß. An andere Galaxien ist da gar nicht zu denken. Aber das ist eben eine der wundervollen Blüten der deutschen Synchronfassung.

Die »Vereinigte Föderation der Planeten« erstreckt sich über einen Bereich, der knapp zehn Prozent unserer gesamten Galaxis ausmacht *(siehe Karte)*. Das Föderationsgebiet ist umgeben von einem Gürtel, der als der erforschte Teil der Galaxis gilt – erforscht von der Menschheit oder anderen ihnen bekannten Kulturen. Innerhalb des bekannten Teils liegen auch die Gebiete anderer bekannter Kulturen, so zum Beispiel das romulanische und das klingonische Imperium. Die sogenannte neutrale Zone trennt diese Imperien vom Gebiet der Föderation. Über den Rest unserer Milchstraße weiß man in *Star Trek* nur sehr wenig – er dient den *Star-Trek*-Machern im wesentlichen als unerschöpfliche Brutstätte lauernder Gefahren und Herausforderungen.

Die *Star-Trek*-Produktion bemüht sich – nicht immer erfolgreich – um Plausibilität, und zwar nicht nur hinsichtlich der wissenschaftlich-technologischen Möglichkeiten, sondern auch bezüglich der gesellschaftlichen Organisation der Menschheit des

24. Jahrhunderts. Im Gegensatz zur technischen Fiktion ist die soziale allerdings weit weniger originell ausgeprägt, was sich unter anderem in einem über den Anschlag hinaus betriebenen Anthropozentrismus manifestiert. Unverkennbar hat dieser aber auch seine praktischen Vorzüge: Außerirdische Schauspieler sind bei der derzeitigen Marktlage ungemein schwer zu kriegen, und das Identifikationspotential mit einer Zukunftsvision, in der die Menschen eine ähnliche Führungsrolle innehaben, wie sie die westliche Welt heutzutage auf unserem Planeten hat, ist sicherlich um einiges größer als bei einem Produkt, das dem Menschen der Zukunft nur noch eine marginale Rolle im galaktischen Geschehen zukommen läßt.

Die Dominanz der Menschheit zeigt sich an vielen Punkten: So liegt der sogenannte Sektor 001, also die nähere Umgebung der Erde, in der Mitte des erforschten Teils der Galaxis (siehe Karte), obwohl die Menschheit in *Star Trek* nicht als älteste raumfahrende Zivilisation gilt, die diesen Nullpunkt sinnvollerweise hätte festlegen können. Unsere Galaxis hat bekanntlich die Form einer Scheibe, und diese ist im *Star-Trek*-Universum in vier Viertelkreise aufgeteilt: den Alpha-, Beta-, Gamma-, und Deltaquadranten. Und wiederum ist es ausgerechnet die Lage der Erde, die diese Einteilung der galaktischen Weltkarte festlegt. Sie ist das Greenwich der Milchstraße: Die Verbindungslinie zwischen der Erde und dem galaktischen Zentrum bildet den Null-Meridian, die Grenze zwischen dem Alpha- und dem Betaquadranten.

Auch politisch gesehen ist die Menschheit dominant innerhalb der Föderation, dem wahrscheinlich wichtigsten kulturellen, politischen und militärischen Bündnis zwischen unterschiedlichen Kulturen und Spezies im (bekannten) Weltraum. Die ›Hauptstadt‹ der Föderation liegt auf der Erde: ihr Parlament, der Föderationsrat, tagt in San Francisco. Die Rekruten der Sternenflotte, zu der die *Enterprise* gehört, werden in der Sternenflottenakademie an der US-amerikanischen Westküste ausgebildet. Und der Präsident der Föderation schließlich residiert in Paris.

Es bleibt ein wenig unübersichtlich, wie viele Spezies eigentlich wirklich zur Föderation gehören. Bekannt sind die Vulkanier, die Betazoiden, die Trills oder auch die Benziten. Ihnen allen gemeinsam ist, daß sie sogenannte Humanoide sind: Sie haben nicht nur Köpfe mit zwei Augen, Nase und Mund bei Körpergrößen zwischen 1,50 und 2,00 Metern sowie paarweise Gliedmaßen, sondern gleichen auch in innerer Anatomie, im Hirnaufbau und sogar in ihren Verhaltensweisen den Menschen. Selbst gemeinsamen Nachkommen steht prinzipiell nichts im Wege. Für den Aufbau der Serie ist dies ein unverzichtbares Detail, welches *Star Trek* von einer Science-fiction abhebt, die sich vorrangig mit der Möglichkeit hyperintelligenter Schleimwesen befaßt. Denn dieser Ansatz ermöglicht es, die Serie zum Spiegel der menschlichen Gesellschaft werden zu lassen.

Ähnlich den tatsächlichen politischen Entwicklungen seit dem Kalten Krieg gibt es nicht nur Vollmitglieder der Föderation der vereinten Planeten, sondern auch assoziierte Mitglieder: ehedem feindliche Kulturen, mit denen die Föderation Waffenstillstands-, Friedens- oder Freundschaftsverträge geschlossen hat. Das bekannteste Beispiel sind die Klingonen, das »evil empire« der alten Serie, die sich durch Überrüstung in den wirschaftlichen und ökologischen Ruin getrieben und nun zu einer geachteten und respektierten, aber nicht in die Föderation integrierten Kultur gewandelt haben. Etwaige Ähnlichkeiten mit den Herren aller GUS-Staaten sind natürlich rein zufällig.

Diejenigen Spezies, die mit der Föderation diplomatischen und kulturellen Austausch unterhalten, bestehen wie die Menschheit aus einzelnen »Lebensformen«, die sich in irgendeiner Form ein soziales oder kulturelles Gefüge geschaffen haben, in das sie als Individuen eingebettet sind. Andersartig organisierte Lebensformen kommen in *Star Trek* zwar vor, sind aber in der Regel phantastische Überwesen, die stets nur kurz auftreten. Sie beeinflussen die wesentlichen Zusammenhänge im *Star-Trek*-Universum zwar nicht nachhaltig, dafür aber heftig. Zu ihnen zählt »Q«, ein Wesen aus dem »Kontinuum« irgendwo jenseits unseres Raum-Zeit-Gefüges; unendlich machtvoll, aber nicht richtig böse.

Machtvoll *und* böse hingegen sind die »Borg«. Auch sie durchqueren den Weltraum, freilich nicht um friedlich zu forschen, sondern um zu assimilieren; nichts anderes also als die dunkle Seite der Kolonialisierungsmedaille, die sonst von *Star Trek* erzählt wird – nur eben ohne *Prime Directive*.

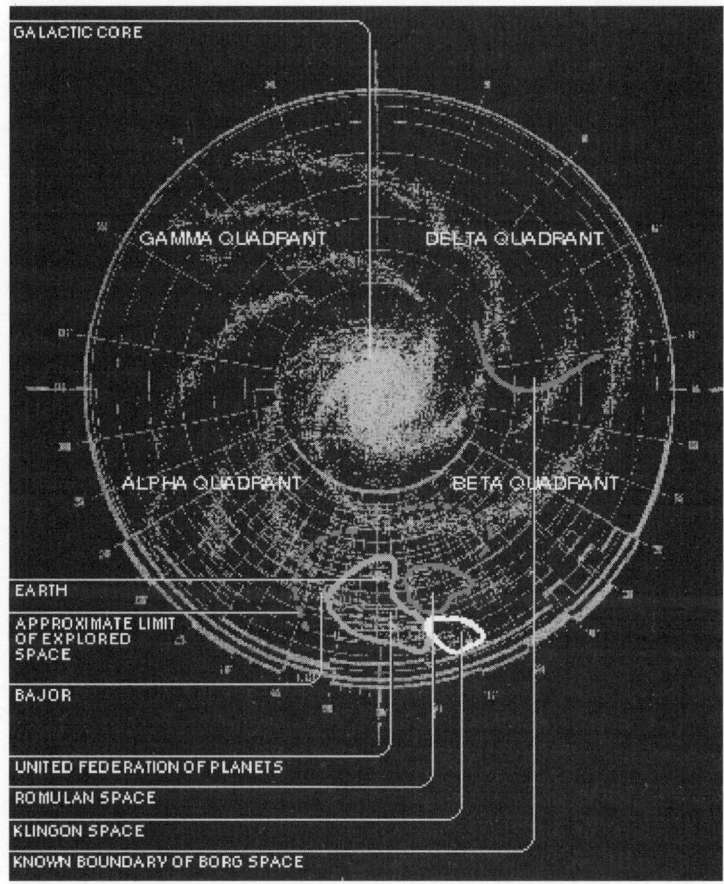

Torsten Dewi
Die Trekker in Deutschland

Eine kleine Geschichte

Trekker gibt es in der Bundesrepublik, seit es *Raumschiff Enterprise* gibt, also ungefähr seit 1970. Die Fangemeinde war während der ersten zehn Jahre eher klein, da sie sich nur auf die häufig wiederholten drei Staffeln der Originalserie beziehen konnte. Erst mit dem ersten Kinofilm *Star Trek – Der Film* gab es einen neuen Schub, der noch verstärkt wurde, weil der *Krieg der Sterne* die Science-fiction mittlerweile »hoffähig« gemacht hatte.

Durch die Erfolge der Filme 2 und 3 wurde *Star Trek* neben *Krieg der Sterne* zum erfolgreichsten Objekt des Fankults, was sich auch in den steigenden Merchandising-Zahlen ausdrückte. Das Wort »Trekkie« (frühere Form von »Trekker«) ist seit den 80er Jahren sogar im »Oxford dictionary« zu finden und somit offiziell in die englische Sprache aufgenommen.

Der Durchbruch zum »Megakult« gelang allerdings erst mit der neuen Serie *Raumschiff Enterprise: Das nächste Jahrhundert*, die weltweit so hohe Einschaltquoten erreichte, daß sie im Alleingang ein Revival der Science-fiction einläutete. Gleichzeitig intensivierte Paramount seine Merchandising-Aktivitäten nochmals kräftig, so daß man *Star Trek* mittlerweile überall in Verbindung mit mehr oder weniger passenden Produkten findet.

Aufgrund der geringeren Qualität ist es den Nachfolgeserien *Deep Space Nine* und *Star Trek: Raumschiff Voyager* bisher nicht gelungen, den Erfolg von *Raumschiff Enterprise: Das nächste Jahrhundert* zu wiederholen. Den Verkaufszahlen der begleitenden Produkte hat das keinen Abbruch getan. Auf den Conventions (Fan-Treffen) kommen Tausende von Trekkern zusammen, in Pasadena sind es alljährlich über 10 000. In Deutschland sind etwa 10 000–12 000 Fans in Clubs organisiert, der größte davon (SFCE) hält mit etwa 7000 Trekkern eine Art Monopol. Es ist aber abzusehen, daß ohne stärkere dramaturgische Neuorientierung eine Abkühlung des Trek-Booms auf ein solides Grundniveau zu erwarten ist.

Fans gibt es in allen Bereichen – Sportfans, Musikfans, Kinofans und eben Serienfans. Der Fan beginnt nach einer recht allgemein gehaltenen Definition dort, wo das Interesse an einer bestimmten Sache deren eigentlichen Rahmen überschreitet. Wenn man etwa nach dem Konzert mehr über den Musiker wissen will, wenn man nach einem Fußballspiel den maritalen Status eines Spielers in Erfahrung bringt oder wenn man sich bei einer TV-Serie schlau macht, wie z. B. die Trickeffekte bewerkstelligt wurden. Das eigentliche Ereignis wird quasi zum »Startschuß« weiterführender Recherchen des Fans.

Der Serienfan, der eifrig jede Folge seiner Lieblingsserie verfolgt, ist ein Wesen mit zwei Gesichtern, denn er verehrt in den meisten Fällen sowohl Fact (die Schauspieler, die Regisseure etc.) als auch Fiction (die Charaktere, die Handlungen etc.). Diese Dualität unterscheidet ihn signifikant von anderen Fans. Ein Vergleich läßt sich allenfalls zu den Fans der sog. »boy groups« ziehen, da bei diesen Musikgruppen ein (allerdings vertuschter) Bruch zwischen Fact (Persönlichkeit der Bandmitglieder) und Fiction (Bühnenimage) besteht.

Der Serienfan – 1. Stufe

Der »herkömmliche« und auch am häufigsten anzutreffende Serienfan sieht sich möglichst alle Folgen einer Serie an, liest Artikel in Zeitschriften und ist allgemein am Fortgang der Serie interessiert. Häufig ist er auch Mitglied in einem Fanclub, ohne sich dort allerdings aktiv zu engagieren. Dieser Fan trifft eine klare Unter-

21

scheidung zwischen der Serie und seinem eigenen Leben. Fans dieser Kategorie gibt es zu allen Serien, wie ungewöhnlich das auch erscheinen mag (z. B. *Walton*, *Mannix* etc.).

Der Serienfan – 2. Stufe

Der schon etwas »härtere« Fan zeichnet sich durch aktive Beteiligung an Clubs aus und dokumentiert sein »Fan-Sein« durch Aufnäher, Aufkleber etc. Die ersten Modelle zieren seine Regalwände, und eine mehr oder weniger gut sortierte Sammlung von Videos bietet Zugriff auf fast alle Folgen. Er besucht auch Conventions und andere Fan-Zusammenkünfte, um sich mit anderen auszutauschen. Er investiert einen guten Teil seiner Freizeit in dieses Hobby. Fans dieser Kategorie gibt es gemeinhin nur noch für sogenannte Kultserien. Darunter fallen nicht nur *Star Trek*, sondern z. B. auch *Die Schöne und das Biest*, *Babylon 5* und *Akte X*.

Der Serienfan – 3. Stufe

Der »Hardcore-Fan« ist eher selten anzutreffen. Die meisten dieser Fans sind Trekker, denn nur *Star Trek* ist es im Verlauf der letzten dreißig Jahre gelungen, eine derart intensive Bindung von Fan und Serie aufzubauen. Der Trekker hat praktisch sein gesamtes Privatleben der Serie untergeordnet. Meistens versucht er, sein eigenes Leben nach den Prinzipien der Serie auszurichten. Oft legt er sich eine »Alternativexistenz« zu, die aus dem Trek-Universum stammt (als Klingone, als Vulkanier o. ä.).

Um die Bindung an die Serie zu stärken und ihr trotzdem nicht sklavisch unterworfen zu sein, erfinden die Trekker eigene Details und Umfelder, in denen sie ihre Varianten durchspielen können. Diese individuellen Mini-Trek-Universen sind am ehesten in den diversen Rollenspielen und Amateurfilmen sowie auf Conventions zu besichtigen. Besonders interessant ist die Tatsache, daß solche Fans Probleme in ihrer eigenen Welt und in ihrem eigenen Selbstverständnis auf das Trek-Universum übertragen. So gibt es eine nicht gerade kleine Clique, die ständig auf der Suche nach Hinweisen auf eine homoerotische Beziehung Captain Kirks mit seinem Ersten Offizier Spock ist. Fans dieser 3. Stufe entwickeln oft ein regelrechtes Suchtverhalten und gehen mitunter bizarre Wege, um ständig an neuen »Stoff« (Folgen, News etc.) zu kommen.

Der Trekker – Die Zielgruppe

Allein durch die dreißigjährige Geschichte von *Star Trek* ergibt sich eine große Altersvarianz im Fandom von *Star Trek*. Die erste Generation, die in den 70ern mit Kirk & Co. aufgewachsen ist, hat mitunter schon Kinder, die selber versuchen, gemeine Geschwister »wegzubeamen«. Der Großteil der Fans ist allerdings erst seit der neuen TV-Serie 1987 dazugestoßen. Dadurch gibt es mitunter auch Spannungen zwischen den »Hüpfern« und den Trekkern, die noch mit der »classic« Crew aufgewachsen sind. Trotzdem ist die Masse der Fans zwischen 12 und 29 Jahre alt.

Unter den Fans sind Frauen überproportional vertreten. Daraus zu schließen, daß *Star Trek* eine besondere Attraktivität auf Frauen ausübe, wäre jedoch falsch. Der Typus »Serienfan« ist vielmehr generell eher weiblich. Diese Dominanz der Frauen ist bei fast allen anderen Serien noch viel stärker. Somit ist *Star Trek* im Vergleich noch relativ »maskulin« orientiert, weil es der Serie gelingt, überdurchschnittlich viele Männer zu aktiven Fans zu machen. Diese Leistung hat ansonsten nur noch *Akte X* vollbracht.

Eine Aufteilung in Bildungs- und Verdienstklassen ist einfacher: Trekker sind überdurchschnittlich gebildet und verdienen überdurchschnittlich viel Geld, das sie auch überdurchschnittlich gerne für Merchandising ausgeben. Untersucht man allerdings die Unterschiede zwischen den Fans der 2. und 3. Stufe, so zeigt sich, daß in der 3. Stufe Bildungsstand und Verdienst niedriger liegen, die Ausgaben für Merchandising aber weitaus höher.

Gibt es den repräsentativen Trekker?

Nein. Aber es gibt gewisse Merkmale, die sich häufen. Trekker sind eine verschworene Gemeinschaft, die »ihr« Universum gegen alle Angriffe von außen verteidigen, etwa gegen Kritik an Inhalten oder gegen andere TV-Serien. Diese Haltung kann mitunter religiöse Züge annehmen, die in völliger Kritikunfähigkeit endet. Die Beanspruchung des Trek-Universums »für sich selbst« führt bei den »Hardcore«-Trekkern oft zu Konflikten und gegenseitigen Verratsvorwürfen. Dabei ist den meisten Trekkern die Kommerzialisierung, zu der sie ja permanent beitragen, ein Dorn im Auge, obwohl auch das fiktive *Star-Trek*-Universum deutlich kapitalistisch orientiert ist. Durch die enge Bindung entscheiden die Fans auch sehr individuell, was in ihren Augen richtig oder falsch ist, und nehmen sich das persönliche Recht, Entwicklungen in den Serien und den Filmen als »falsch« zu klassifizieren. Jeder Trekker überträgt seine eigene Vorstellung dessen, was *Star Trek* ausmacht, zurück auf die eigentlichen Produkte und kritisiert etwaige Diskrepanzen. Die Toleranz, die von Trekkern zumeist als Hauptmerkmal von *Star Trek* angeführt wird, ist in den eigenen Reihen oft genug nicht zu spüren.

Die Trekker, die sich eine Parallel-Existenz als Teil des Trek-Universums zulegen, koppeln sich zumeist von direkten Vorbildern ab. So spielen ihre gedanklichen Exkursionen meist auf anderen, selbst erdachten Schiffen. Die Charaktere, die sie sich zulegen, sind größtenteils selbst entwickelt. Nur ein verschwindend geringer Teil möchte gerne Captain Kirk oder Spock sein.

Diese Merkmale beziehen sich wohlgemerkt nur auf die »beinharten« Trekker, und es sollte keinesfalls außer acht gelassen werden, daß Trekker im Gegensatz etwa zu Fußballfans eine ruhige, freundliche und sehr mitteilungsfreudige Gruppe sind, deren Auswirkungen auf die Welt außerhalb ihres Fandoms noch nie negativ gewesen sind.

»Also, das ist wie ein kleines Völkchen.«
Ein Gespräch mit Star-Trek-Fans.[1]

1. Der Einstieg – The First Contact

Oliver: Vielleicht kann man damit starten, wie es losging.

David: The first contact!

Tamara: Also, für mich waren es eigentlich zwei grundverschiedene Sachen, die mich in den verschiedenen Phasen fasziniert haben. Als Kind habe ich *The Original Series* (TOS), also *Enterprise* mit Captain Kirk, Spock und Pille kennengelernt und fand das toll. In den 60ern und frühen 70ern gab es dann nicht viel Science-fiction im Fernsehen. Weil ich Science-fiction aber mochte, haben wir das erbarmungslos gespielt; das war meine Zeit als Captain Kirk und die meiner Freundin als Spock. Dann war es eine Zeitlang still. Schließlich kamen die vielen, vielen Wiederholungen und eine Welle der Nostalgie, weil es ja die Erinnerung an Kindheitsgefühle war, und ein wenig Traurigsein, daß das jetzt so nicht weiterging, weil ich ja nie diese Fanclubs kennengelernt habe, in denen man das als Erwachsener praktisch weiterspielen kann. Irgendwann kam dann *The Next Generation* (TNG) und damit auch eine ganz neue Faszination, weil ich das Gefühl hatte, daß es um so humanistische Ideale geht, die sonst bei Science-fiction-Sendungen für meinen Geschmack zu kurz kommen.Was mich auch nicht immer stört! Aber dieses »Edel sei der Mensch, hilfreich und gut« kam wirklich sehr schön durch.

Oliver: Bei mir war es so: Ich war elf, als es im Fernsehen anfing. Wir hatten aber keinen Fernseher, weshalb wir immer zu den Nachbarjungs gegangen sind. Die Sendung lief Samstags um

18 Uhr im ZDF, und um 17.48 Uhr fing in der ARD die Sportschau an, die natürlich der Vater von den Nachbarjungs immer sehen wollte. 12 Minuten konnte er die auch sehen, gerade das unwichtigste Spiel, aber dann kamen wir rein, vier Jungs, und nörgelten so lange, bis wir *Enterprise* gucken durften. Und es war für mich genau dasselbe: Ich war auch total fasziniert! Als ich die Serie dann wiedergesehen habe, 15 Jahre später, war es so ein ähnlicher Effekt wie der, als ich *Ein toller Käfer* wiedergesehen habe, mit »Herby«, dem sensiblen VW-Käfer. Als Kind war ich von diesem Film fasziniert, und als ich den dann als Erwachsener wiedergesehen habe, war ich entsetzt, erschüttert. Und so ähnlich war auch der Effekt bei *Raumschiff Enterprise*, eine Entzauberung beim Wiedersehen.

Tamara: Bei mir war es beim ersten Wiedersehen eigentlich noch nicht so, da war die Nostalgie eindeutig stärker. Aber dann kam *TNG,* und es gab noch eine Wiederholung von *Enterprise*, und da habe ich dann gemerkt: Die Kostüme sitzen nicht ganz richtig, die Plots sind nicht ganz so konsistent, und der Captain Kirk ist irgendwie völlig zu Unrecht als der große geniale Captain angesehen worden. Auch Spocks Logik schien nicht mehr so logisch. Wieso gilt er als so logisch? Es ist nicht logischer als das, was ich fertigbringe. Also, das war auch nicht so doll.

Anja: Ich kam durch meinen Vater dazu. Früher fand er das auch ganz toll. Wir haben uns das dann beide zusammen angeguckt, und ich fand das ganz toll, während mein Vater das mittlerweile total blöd fand. Mir hat das aber gefallen, ja, ich fand das auch ganz süß. Irgendwo identifiziert man sich als 10jähriges Kind damit. Da habe ich dann gesagt: Der oder das möchtest du auch mal sein; das ist wieder so ein bißchen kindlich. Da hing ich aber sehr dran, weil mir einige Charaktere sehr gefallen haben. Ich weiß nicht so recht, aber Captain Kirk scheint auf Frauen immer eine gute Wirkung zu haben, gerade wenn sie noch so ein bißchen naiv sind, und dann habe ich mir das so angeguckt, die ganzen Wiederholungen. Dann kam *TNG*, da bin ich schon etwas älter gewesen. Zu Anfang hatte ich aber nicht diese große Faszination, weil ich das noch gar nicht verstanden habe. Ich will mal sagen: Ich war richtig böse auf diesen Captain Picard:»Wie sieht der denn aus, was ist denn das für einer, der da herumsteht und so.« Das hat mir zu Anfang eigentlich überhaupt nicht gefallen. So, und jetzt kommt die vierte Wiederholung im Fernsehen von *TNG,* und ich muß sagen: Ich bin Feuer und Flamme für *TNG!* Gut, ich bin auch etwas älter geworden und sehe das jetzt genauso, die haben jetzt einen ganz anderen Gedanken, die akzeptieren alles viel mehr, die ganzen Grundideen, die früher bei *TOS* dabei waren, wo Roddenberry gesagt hat:»Ja, die müssen Völkerverständigung machen.« Das kommt jetzt in *TNG* viel besser rüber, nicht mehr so kindlich. Und jetzt, wo Samstag *TOS* und *TNG* nacheinanderlaufen, hat man bei *TOS* eben die freundliche, kindliche Unterhaltung und bei *TNG* so ein bißchen tiefergehende, nachdenkliche Sachen. Ja, und es macht Spaß, sich beides anzusehen, um den Vergleich zu haben. Gerade bei *TNG* faszinieren mich die humanitären Gedanken und die ganze Technologie, wie das aussieht, was die theoretisch geschaffen haben im 24. Jahrhundert; daß sie imstande sind, tödliche Krankheiten zu heilen; eben dieser ganze technische Fortschritt; das ist irgendwie ein bißchen Fortschritt der Menschheit. Ich weiß nicht, aber wenn man *TOS* in den 60er Jahren sieht, da war der Sessel noch aus Holz und so ein bißchen verkleidet und angemalt, und jetzt bei *TNG:* Den Sessel gibt es wirklich, der sieht auch so aus, und die ganze Ausstattung, die die haben, das macht schon was her! Da finde ich also, daß bei *TNG* das ganze Raumschiff viel schöner aussieht. Ich sage mal: Da fühle ich mich immer wie im Wohnzimmer, wenn ich das sehe! Ganz im Gegensatz zu *Deep Space Nine* (DS9), wo ich mich überhaupt nicht mit anfreunden kann, weil das alles viel zu kalt und viel zu außerweltlich ist, so daß ich mich mit den Charakteren auch überhaupt nicht anfreunden kann. Das liegt vielleicht auch daran, daß mir *TNG* und *TOS* gefallen. Wobei ich sagen muß: *Voyager* gefällt mir nun auch wieder ganz toll. Bei *DS9* bestand dagegen irgendwie eine Stagnation, weil die da im Weltraum saßen und gewartet haben, ob da einer durch das Wurmloch kommt oder nicht, während die bei *Voyager* jetzt wieder anfangen zu forschen. Die sind eben da, wo die von *DS9* immer hinwollten und nicht konnten, weil sie immer an die Raumstation angebunden waren. Das ist aber das Schöne: Das Forschen und die Hoffnung!

2. Die Fans – eine große Familie

Kai-Uwe: Gibt es eigentlich unterschiedliche Arten von Fans?

David: Also, es gibt, wie manche Leute sagen, einen gewissen Snob-Einfluß insofern, als sie immer versuchen, die Folgen zuerst auf englisch zu sehen, um sich an den Dialogen, die teilweise doch sehr gefeilt sind, im Original zu ergötzen. Es fällt ja doch auf, wenn der Synchronsprecher dreimal bei einer vollkommen anderen Figur auftaucht, und man hat jeweils eine ganz andere Situation vor sich – das tut weh! Das ist unter Umständen ganz schön illusionszerstörend.

Oliver: Wie geht das praktisch vor sich? Wie kommt es, daß praktisch jeder Trekker bereits vor der Fernsehausstrahlung in Deutschland schon irgend etwas von *Voyager* gesehen hatte? Wie besorgt man sich die Filme?

Anja: In Videotheken gibt es ganz viele. Das ist ja das Alberne dabei: Die sind ja herausgekommen, noch bevor sie im Fernsehen gezeigt wurden. Da bleibt man dran, da ist was Neues, das muß man haben. Das ist auch die Natur des Urtrekkers: Sobald etwas Neues kommt, irgend etwas, das einen interessiert, gerade so wie bei *Voyager,* interessiert es einen ganz besonders; da muß man natürlich hin.

Arne: Ist das der »Forschungsauftrag« der Trekker?

Anja: Ja, so ungefähr, und deshalb wird das auch manchmal relativ kostspielig. Ich sage mal: Es gibt aktive und passive Fans, und von den passiven Fans gibt es auch noch passive und aktive passive Fans. Die aktiven Fans an sich sammeln alles ein, was sie kriegen können. Die sammeln Pins, Bücher, die haben Wände

und Zimmer voll. Das ist Wahnsinn, was man da an Geld investiert. Und von den passiven Fans gibt es jene Leute, die die Serie
gucken und sich im Fanclub vielleicht auch mit anderen Leuten
darüber unterhalten, oder die Leute, die nur passiv gucken und
für sich sind. Da muß man ein bißchen unterscheiden: Der Jäger
und Sammler und der Redner und Angucker. Man kann nicht alle
Leute, die Fan sind oder sich Fan nennen, in einen Topf werfen.

Arne: Wie würdest du dich selbst einschätzen?

Anja: Früher als Jäger und Sammler, heute – des Geldes wegen
– eher als Redner und Angucker. Ich sage mal: Wer nicht im Fanclub ist, der hat nicht wirklich Interesse daran, der hat etwas ver-
paßt. Also, ich finde das ganz toll, zumal es ja generell ganz selten
ist, daß man Leute trifft, die so sind wie man selber, und irgendwo
haben die im Fanclub das gleiche Interesse, irgendwo verbindet
mich mit allen *Star Trek.* Gut, ganz am Anfang, wenn man neu ist,
redet man vielleicht noch über *Star Trek,* und langsam entwickelt
es sich so, daß man zum Schluß gar nicht mehr darüber redet,
sondern nur am Rande mal fragt, ob man die neue Folge gesehen
hat. Man antwortet:»Ja, war gut« und so, und dann:»Was haste
heute für Essen gemacht?« Das entwickelt sich zu einer großen
Familie. Auch die Toleranz wird ja großgeschrieben, die man sich
in dieser Ecke wirklich entgegenbringt; das ist schon enorm, da
staune ich echt. Ich habe noch keine Gruppe von Menschen erlebt, die so sind wie Trekker.

Oliver: Toleranz ist auch nötig, weil es total verschiedene
Leute sind?

Anja: Ja, bei uns im Fanclub ist alles, alle Altersgruppen, und
vom Hauptschulschüler bis hin zum Arzt; das ist eben das Schöne
dabei. Was mich bis jetzt am meisten beeindruckt hat, da ich »pas-
siver Aktiver« bin, war die Premiere von *Star Trek VI* im Zoopa-
last. Die lief im Original mit deutschem Untertitel, und da gab es
Freikarten, und irgendwie habe ich eine Karte abbekommen. Aber
natürlich nur unter der Auflage, daß der Fan in Uniform kommt,
für die Medien. Das ist ja nun wieder das nächste Klischee: *Star-
Trek*-Fans müssen in Uniform kommen, die laufen ja jeden Tag in

Uniform herum, die kleben sich auch jeden Tag, wenn sie Fernsehen gucken, die Ohren an und so was alles! Also, das ist so übel, aber für die Medien macht man das halt, um eine Freikarte zu bekommen. Also geht man hin, mit Uniform. Und dann waren wir alle drin, und Nicholas Meyer, der war der Regisseur, sagt nur: »Hallo, ich bin der Regisseur und viel Spaß!« Dann fing es an: Es war ganz ruhig, 1200 Mann, so dreiviertel waren Fans in Uniform oder T-Shirt. Es war dunkel, der Vorhang ging auf, und dann stand da vorne »Gene Roddenberry«, und alle Leute waren erst einmal still; aber dann brach ein Applaus los, also auf einmal alle gleichzeitig, das war wie ein Gedankensprung, der sagt: »Ja, danke Gene!« Alle fingen an zu klatschen. Das war ein Gefühl, so als ob alle genauso dachten wie ich. Da war ich so fasziniert und so begeistert, und ich habe gedacht: »Mensch, was sind das für Leute, was hat der alles gemacht.« Mein Gott: Man kann *Star Trek* als Lebenshilfe nehmen, man kann es als Unterhaltung nehmen, man kann es als alles nehmen, meine ich. Und da haben sie halt applaudiert, und dann dieser ganze Film, diese ganze Atmosphäre..... Ich weiß nicht, wer den Film schon mal gesehen hat, zum Schluß, wenn General Chang durch den Torpedo getroffen wird, sein Schiff ist noch unsichtbar: Da brach ein Applaus los, da merkte man richtig diese Anspannung, und dann, wie sich alle befreit fühlten, weil der böse General tot ist – das war so toll, oh, das war so toll! Ich muß sagen, das war das Bewegendste, was ich bis jetzt in diesem Zusammenhang je erlebt habe!

Oliver: Was ist jetzt der Unterschied bei so einem Gefühl, wenn der böse General tot ist, im Vergleich dazu, wenn bei *Bonanza* der Böse vom Pferd geschossen wird? Was ist an der *Star-Trek*-Faszination anders?

David: Also, für einen Fan ist die Identifikation eine ganz andere. Ich schätze mal, die *Bonanza*-Fans werden sich ähnlich fühlen. Ich denke jedoch, es gibt nicht ganz so viele. Aber jeder Fan ist insofern in der Geschichte drin, als er auch mitleidet, also ganz klassisch, und sämtliche Geschichten seiner Lieblingscharaktere und auch deren Weg im Film oder in der Serie mitverfolgt und sich das sehr zu Herzen nimmt. Natürlich wissen die meisten, rational gesehen, daß es ein gutes Ende nehmen muß, denn Paramount wird sich kaum die Gelegenheit entgehen lassen, *Star Trek VII* zu drehen. Aber trotzdem ist man auf der emotionalen Ebene gefesselt, und wenn dieser Höhepunkt spannend gemacht ist, und das Schiff, das vorher unzerstörbar, unsichtbar etc. schien, getroffen wird, atmet man auf und gibt spontan Applaus – wenn man sich nicht zu dumm fühlt, sofern man nicht unter Fans sitzt –, und dann hat man eine wunderschöne große, 1200 Menschen umfassende Katharsis, und das ist doch ein tolles Gefühl!

3. Die Vaterfigur – Gene Roddenberry

Arne: Dabei scheint Gene Roddenberry ja eine herausragende Figur innerhalb der Fanszenerie zu sein. Was ist das für ein Typ, für was steht der Mann? Also, wenn er im Kino beklatscht wird, muß er ja irgend etwas verkörpern, eine Art Genius. Ist Gene Roddenberry ein Genius?

Anja: Na ja, ich würde sagen, wenn ich ihn beklatsche und sage »danke«, dann ist das doch der Vater irgendwo. Er wirkt halt auch als Vaterfigur, er hat es halt erfunden. Es ist halt sein Ding, und wenn er nicht gewesen wäre, gäbe es die ganzen Fans nicht, ist doch klar, und es wäre echt schade drum. Der hat das gemacht, und man findet sehr schwer Worte dafür.

David: Also, ein paar Worte findet man schon. Er hat ja unter *Star Trek* und den Leuten, die da mitgearbeitet haben, den Spitznamen »Green bird of the galaxy« weg. Den hat er sich sozusagen als Ehrenauszeichnung erworben insofern, als er auf das Konzept der Serie nicht nur kompromißlos Einfluß genommen hat, sondern auch darauf bestanden hat, daß man nicht davon abweicht. Heutzutage würde man das Styling nennen. Es ging nicht nur darum, daß alle Details über seinen Schreibtisch gehen mußten, sondern er machte sich auch dementsprechend Gedanken, wieweit Sachen zusammen funktionieren. Was zu der Zeit, vor allem in den 60er Jahren bei Science-fiction-Serien, nicht der Fall war, und dies hat er weiter fortgeführt durch die Filme – bis auf *Star Trek V*, über den wir jetzt kein Wort verlieren wollen – und auch in den verschiedenen Serien. Er hat immer eine bestimmte Geisteshaltung in der Serie durchgehalten, er hat darauf beharrt, daß die beibehalten wurde, und diese Geisteshaltung ist eine zutiefst humanitäre: Das Zusammenleben von verschiedenen Rassen, Arten, Lebewesen, die grundsätzliche Toleranz, die grundsätzliche Idee, die ja auch jeder Trekker unterstützen würde, daß man eben nicht Einfluß nimmt und versucht, sich rauszuhalten und höchstens als Beobachter oder als Helfer auftaucht. Das ist für die damalige Zeit schon ein Novum gewesen, vor allem während des Kalten Krieges. Insofern hat er eine gewisse Legende aufgebaut bis heute. Gut, man löst sich jetzt langsam. Die Produzenten der heutigen Serien versuchen, diesem Schema zu entkommen und andere Ideen einzubringen, so zum Beispiel, daß die Charaktere sich streiten, was unter seiner Ägide fast undenkbar gewesen wäre, das wollte er nicht sehen. Aber trotzdem gibt es noch diese unglaublich sympathische Grundhaltung. Und die verkörperte er par excellence. Ich denke, das ist es, was ihn als Vaterfigur und auch als beachtenswerte Figur so etabliert hat.

4. Die *Prime Directive* – Toleranz zwischen Fans

Oliver: Zu diesem humanistischen Grundanliegen habe ich eine Frage. Wäre es eigentlich denkbar, daß man in einem *Star-Trek*-Fanclub jemanden findet, der in seinem normalen Leben auf der Straße sagt: »Ausländer raus!«? Wie direkt ist das zurückgekoppelt an die irdische Realität jenseits der Serie, die Faszination durch die humanistische Grundeinstellung?

David: Also, von den Trekkern, die ich kenne, würde so etwas keiner sagen. Klar gibt es die Passiven, die ganz Passiven, die das unter anderem auch wegen der Sternenschlachten und so sehen. Aber ich denke, alle, die sich etwas mehr damit beschäftigen und auch ein bißchen über die Folge, die sie gerade gesehen haben, reflektieren, könnten das mit ihrer Grundhaltung, sofern sie, sagen wir mal, ausländerfeindlich wäre, nicht vereinbaren.

Anja: Das finde ich auch, da bin ich voll deiner Meinung!

Arne: Guckt man sich jedoch die Fanzines an, muß man feststellen, daß Toleranz und Nichteinmischung zu den eher unterrepräsentierten Werten gehören. Statt dessen geht es oft hoch her: Es wird gestritten, warum Kirk und seine Mannen so viel besser sind als Picard, dieser Glatzkopf. Es herrscht ein kindischer Streit zwischen den Fans, und man fragt sich, wieweit sie sozusagen ihre *Prime Directive* noch ernst nehmen. Schließlich gibt es ab und zu noch einen verstörten Leserbrief: »Aber Leute, Vorsicht, Ihr macht Euch hier unglaubwürdig!«

Anja: Das finde ich nicht ganz so. Ich finde eher dieses »kindliche Gezänke« wie bei den »K.-und-S.-Storys« störend, wenn also – wem das nichts sagt – das Verhältnis von Kirk und Spock auf homosexueller Ebene thematisiert wird. Also dafür kann ich mich, tut mir leid, überhaupt nicht erwärmen, aber wenn sie Lust haben, sollen sie. Ich finde gerade, dieses kleine Gezänke ist mehr ein kreativer Streit. Irgendwo hat jeder seine Meinung. Der eine findet *TNG* gut, der andere *TOS*, ein dritter findet die Klingonen blöd, ein vierter findet die Cardassianer gut – egal! Irgendwo muß man ja seinen Standpunkt haben, wer jemanden als Figur mag, den mag er halt. Na ja, dann streiten sie sich halt ein bißchen. Aber im tiefsten Inneren sind die wirklich schon tolerant, und mit diesem Gezänke können die Leute sich da halt ein bißchen ausspinnen.

Oliver: Gehört das zum Spiel?

Anja: Ich würde das nicht unbedingt »Spiel« nennen. Viele nehmen das relativ ernst, und ich finde das auch gar nicht so schlecht, dann können die Leute von mir aus, auch wenn das Schwachsinn ist, mal herauslassen, was sie denken: daß sie große Künstler sind, schreiben, malen oder sonst etwas können, und andere Leute, die davon Ahnung haben, lesen das und sagen dann: »Na gut, der gefällt mir, der gefällt mir nicht!« Also, das ist wie ein kleines Völkchen.

Kai-Uwe: Es gibt aber sicherlich auch Fans, die ziemlich weit gehen mit ihrer Begeisterung?

David: Vor allem gibt es Leute, die in diesen Fanzines schreiben, es gibt Fans, und es gibt FANS, wie zum Beispiel dieser Mensch in Frankfurt, der sich eine Kommandobrücke in sein Wohnzimmer gebaut hat, und zwar originalgetreu, und auch einen Rechner gekauft hat, um mit Computergraphik seinen eigenen Vorspann zu machen mit seinem eigenen Raumschiff.

Oliver: Er hat ein kleines Video gemacht?

David: Ja genau, und natürlich gibt es diese Videos in Amerika in verschärfter Form. Schließlich gibt es diese Leute bei Conventions, die auf die Charaktere als Charaktere Bezug nehmen und dann verstört sagen: »Moment mal, war das nicht Spock da vorne?« Es gibt immer ein paar Leute, die verlieren ein bißchen den Bezug zur Realität oder manchmal auch ein bißchen mehr. Und im Zweifelsfall kann man das für verdammenswürdig oder vielleicht für gefährlich halten.

Kai-Uwe: Ist das typisch für Serien?

David: Ich weiß nicht, ob es typisch für Serien ist, aber es ist typisch, wenn Leute starke Emotionen empfinden, so daß manche Leute, die – sagen wir mal – psychisch etwas labil sind, sich in so etwas hineinsteigern. Die gibt es, glaube ich, auf allen Ebenen. Genauso wie die vierzig- bis sechzigjährigen Frauen, die jedes Konzert von Pavarotti hören müssen und ihm hinterherreisen. Es gibt Fans, die zwar nicht gleich die Grenzen des guten Geschmacks, aber auf jeden Fall die Realitätsgrenze überschreiten.

Tamara: Wir sind halt keine homogene Masse. Das ist es ja auch, was bei dem Toleranzgedanken dahintersteht, daß es auch Raum für gelegentliche Querschläger gibt. Ich finde übrigens, daß *Star-Trek*-Fans nicht einfach gleichzusetzen sind mit Fans anderer Serien. Sagen wir mal so: Nicht jede Sendung, die gerade kommt, ob bei *TOS* oder *TNG*, hat mir in dem Problem, das ich gerade habe, unbedingt geholfen. Aber, daß mir verschiedene Folgen Denkanstöße gegeben haben, die mir in bestimmten Situationen weitergeholfen haben, ist oft passiert.

Arne: Kannst du da Beispiele geben?

Tamara: Das ist schwierig zu sagen, weil ein Problem, wenn es da ist, ja nicht immer so greifbar ist in dem Sinne: »Das ist mein Problem, und das ist jetzt die Lösung dazu.« Aber es werden ja sehr häufig Fragen von »Verantwortung übernehmen« behandelt und mitunter auch das Problem »Verantwortung nicht übernehmen zu können«. Da kommt wieder die *Prime Directive* zum Tragen, also daß man tatsächlich nicht immer, egal um welchen Preis, helfen darf.

Arne: Was an *Star Trek* aber auffällt, ist doch: Es gibt immer Lösungen, und es gibt immer Entscheidungen. Diese Entscheidungen kommen erstaunlich präzise und schnell und müssen nur selten revidiert werden. Die Welt bricht zusammen, es gibt eine kleine Konferenz, Entscheidungen werden gefällt und umgesetzt, und alles kommt wieder in Ordnung.

Anja: Aber das ist doch schön!

Arne: Also, einem Beobachter drängt sich hier der Eindruck auf, daß Fans, die das intensiv rezipieren, extrem harmoniesüchtige Menschen sind.

Anja: Nein, aber vielleicht hoffnungsvolle Leute.

Arne: Hoffnung?

Anja: Ja, Menschen, die sagen: »Guck mal, die können das, vielleicht können wir das ja auch irgendwann.«

Oliver: Ist es jetzt das Schöne daran, daß es nicht so kompliziert ist wie im wirklichen Leben, oder ist vielleicht das Faszinierende die Vorstellung: »So sollten wir uns doch auch eigentlich verhalten.«?

Anja: Das letztere, würde ich sagen.

Kai-Uwe: Ist das eine Aufforderung, uns weiterzuentwickeln?

Anja: Warum nicht?

Kai-Uwe: Und in welche Richtung?

Anja: Na ja, ein bißchen mehr nachdenken und nicht so schnell draufhauen.

Oliver: Und das Ziel ist offenbar eine größere moralische Klarheit zwischen »Gut und Böse«, als wir sie heute haben?

Anja: Ja, vielleicht!

Oliver: Also der Wunsch, auch für euch selber, leichter zu erkennen, was richtig und was falsch ist?

Anja: Nein, nicht, was richtig und falsch ist, nein! Eigentlich geht es darum zu sagen: Ich habe ein Problem, nehmen wir mal an, mein Kind will nicht abwaschen, dann haue ich das nicht gleich und sage: »Du wäschst jetzt ab!« und stecke den Kopf in das Wasser, sondern ich versuche halt, vernünftig mit ihm darüber zu reden.

5. Borg – Die ultimative Herausforderung

Kai-Uwe: Wenn es nicht darum geht, einfach zu entscheiden, was richtig und falsch ist, wie passen da eigentlich die Borg mit ihrem kubischen Raumschiff hinein? Denn mit den Borg scheint es doch überhaupt keine Chance gegeben zu haben, vernünftig zu reden, so daß von Anfang an nur versucht wurde, sich vor ihnen zu schützen und sie nötigenfalls zu zerstören, was rein technologisch aber nicht möglich gewesen wäre. Hätte es irgendeine andere Möglichkeit gegeben, mit den Borg klarzukommen, als sie von ihrer Struktur her zu vernichten?

Anja: Vielleicht ja. Bei der Folge *Ich bin Hugh* kommt ja auch ein Borg, ein einzelner Borg an Bord.

Kai-Uwe: Ja, aber erstens ist er allein, abgeschnitten von den anderen, und zweitens wirkt er ja später wie ein Virus, der alles zum Kollaps bringt. Er führt Individualität in das kollektive Bewußtsein der Borg ein und zerstört es damit.

Anja: Ja, aber zum Anfang, da, wo er allein auf der *Enterprise* ist, verträgt er sich doch mit den Leuten. Warum ist das nicht ein Schritt, irgendwann mal zu sehen, daß sich vielleicht alle Borg ändern? Ich meine – das wäre jetzt zwar dramaturgischer Schwachsinn, wenn die Menschen sich jetzt auf einmal mit den Borg verstehen würden –, aber wenn die irgendwann mal langsam darauf hinarbeiten, sich zu verstehen?

Kai-Uwe: Das Charakteristische an den Borg ist doch, daß sie kollektiv sind. Und die entscheidende Folge ist *Angriff auf Borg*, als sich Lore zu ihrem Anführer aufschwingt. Was sind denn das für Kreaturen plötzlich? Das sind doch Anarchisten, vagabundierende Banditen, aber keine Borg mehr. Die sind nicht mehr technologisch überlegen, sie haben nicht mehr diese überragende Intelligenz, das kann man vergessen. Eigentlich sind sie zu einem uninteressanten Accessoire verkommen, in ihrer kollektiven Einheit zerfallen und völlig orientierungslos. Interessant sind die Borg nur, solange sie kollektiv sind. Wäre es da aber nicht möglich gewesen, trotzdem das Moment der Toleranz durchzuhalten, also einen Schritt weiterzugehen, anstatt zu sagen: Es ist unvereinbar, und es gab nur die Wahl: Wir oder die Borg?

Oliver: Da finde ich den Hinweis auf die Folge *Ich bin Hugh* interessant, wo einer alleine an Bord kommt, und es klappt. Also scheint das Problem darin zu liegen, daß die Borg als Kollektiv handeln. Mir fielen gerade die ersten Spanier als Parallele ein, die in Amerika gelandet sind. Die haben sich mit den Indianern gut verstanden, die Indianer waren freundlich und haben sie aufgenommen, und alles war prima. Dann kamen irgendwann die Spanier als »Spanier« und nicht mehr als einzelne Personen an, und die Indianer haben sich als »Indianer« gewehrt, und dann ging es offenbar nicht anders.

Kai-Uwe: Ich denke, das ist nicht ganz vergleichbar. Es geht hier um das Prinzip »Individualität gegen Kollektivität« und damit um die ultimative Herausforderung für die Föderation, und für mich wäre die Frage, ob es nicht doch einen gemeinsamen Punkt der Verständigung hätte geben können, oder ob es sich hier um ein Prinzip handelt, das so hart und so präzise und interessant durchgespielt wurde, daß dieser Dramaturgie wegen das Prinzip der Toleranz scheitern mußte. Die Macher von *Star Trek* haben das so weit getrieben und so perfekt inszeniert – das war auch das Spannende an dieser ganzen Geschichte –, daß die Serie in sich selbst dafür keine Lösung mehr vorhielt. Einer mußte unterliegen: Die Föderation oder die Borg, Individualität oder Kollektivität.

David: Es gibt eine Lösung, schon vom Toleranzeffekt her. Die Borg sind kollektiv insofern, als sie das böse Spiegelbild der Föderation sind. Denn wenn sich alle nur noch einig und einer Meinung sind und zusammen handeln, enden sie so wie die Borg, indem sie sozusagen nur noch darauf aus sind, alles gemeinsam zu machen. Aber was die Borg gerade nicht haben, ist Toleranz. Das wurde ja versucht darzustellen, und das ist es eben auch, was Roddenberry damals gesagt hatte: Es gibt diese unendliche Vielfalt in unendlichen Kombinationen, und die Föderation soll das glänzende Beispiel dafür sein, daß ganz, ganz viele Unterschiede trotzdem für sich bestehen bleiben können, eben durch die vielbeschworene Toleranz. Während die Borg, wenn man so will, Neandertaler sind, also vom Prinzip der Verständigung aus gesehen: Sie arbeiten zwar zusammen, sind perfekt miteinander verbunden, vertragen sich auch, es gibt keine Ehestreitigkeiten bei den Borg, aber sie sind nicht tolerant, und sie haben keinerlei Individualität.

Kai-Uwe: Man könnte das Bild auch umdrehen. Denn das Moment der Uniformität, diese Art von charakterlicher Einheitlichkeit ist gewissermaßen ja auch auf der *Enterprise* durchaus sichtbar. Ich finde, daß sich die Vielfalt dort immer noch in Grenzen hält, gemessen mit der heutigen Realität. Es gibt wenige Metamorphosen, die Spezies im Verlauf dieser Serie durchmachen. Ich würde mir aber im Gegenteil auch vorstellen können, daß die Borg die Zukunft repräsentieren, in dem Sinne, daß die Uniformität einen Punkt erreicht, wo wir uns am Schluß tatsächlich auf besondere Weise alle einig sind nämlich durch Telepathie, also dadurch, daß das Bewußtsein eines jeden mit jedem anderen auf eine besondere Weise zusammengeschlossen ist. Denn die Borg waren unschlagbar. Sie sind durch ein Moment in sich selbst schwach geworden, aber nicht durch einen von außen. Also, das als Neandertal-like, als primitiv oder evolutionär rückständig zu bezeichnen, erscheint mir etwas abwegig.

David: Nicht primitiv, nur die falsche Richtung.

Oliver: Das ist interessant, das ist ein klassisches politisches

Problem, was da gezeigt wird, und es ist auch sinnvoll, daß es als unlösbar gezeigt wird oder daß eben so eine Lösung erfunden werden mußte, die eigentlich keine ist. Also, es geht um das Problem, wie eine Gesellschaft, die auf Toleranz basiert, mit Leuten umgeht, die genau diese elementare Spielregel nicht anerkennen. Das ist sozusagen das Problem von 1933: Was macht man mit Leuten, die sagen, wir schaffen genau das ab, was uns ermöglicht, hochzukommen?

Kai-Uwe: Ich glaube, auch dieses Beispiel klappt nicht ganz, weil die Borg keine Moral haben. Wir spielen immer »gut« gegen »böse« aus, die Borg fallen aber völlig raus aus diesem Schema. Die verfügen über eine Intelligenz, die nur noch an Technologie interessiert ist. Es ist völlig verfehlt, hier moralische Maßstäbe anzulegen. Wir tun das zwar, wenn wir die Crew beurteilen. Man fühlt sich betroffen, man fühlt sich unterlegen, man hat Angst vor den Borg. Aber ihnen mit Moral zu kommen würde völlig die Dimension verfehlen, die hier ausgespielt wurde.

David: Es ist auch keine Frage der Moral, es ist eine Frage des Standpunktes: Die Föderation, verstanden als Toleranzprinzip, aber eben auch als Prinzip der Unabhängigkeit und der Individualität. Die Borg als Kollektivität sind dagegen das böse Zerrbild insofern, als sie alles assimilieren und nichts außerhalb lassen wollen, also keine Toleranz zeigen und auch keine Individualität zulassen.

Kai-Uwe: Doch, sie lassen jene außen vor, die ihnen technologisch nichts bieten können. Sie töten nicht wahllos, sondern sie töten nur jene Kulturen, von denen sie technologisch lernen können.

David: Wer sagt das? Das habe ich so nicht verstanden.

Anja: Ich habe das auch nicht so verstanden.

Kai-Uwe: Ich denke, daß das aus der Selbstdarstellung der Borg ganz klar hervorgeht und daraus, welche Völker sie überfallen haben, was sie sich von diesen genommen haben und wie sie den Rest behandelt haben. Sie sind überhaupt nicht an Menschen interessiert, sie nehmen sie zum Teil ja nicht mal wahr, zum Beispiel, als die Crew das erste Mal auf das Schiff kam. Die Borg sind nur an einer bestimmten Komponente interessiert, der Technologie einer Kultur. Völker, die diese Schwelle der Technologie nicht überschritten haben, fallen völlig raus aus deren Perspektive, die lassen sie links liegen. Das ist denen völlig egal. Nur dem, was sie herausfordert oder möglicherweise gefährden kann, wenden sie sich zu. Das ist keine komplette Assimilation aller, sondern eine höchst selektive Vorgehensweise.

David: Gut, es kann sein, daß sie technologisch uninteressante Kulturen ignorieren, das wird nicht gezeigt, deswegen kann ich darauf jetzt auch nicht antworten. Was sie aber auf jeden Fall tun: Sie wollen, das ist ja auch taktisch oder strategisch sehr geschickt, zur Erde vordringen und erst mal das Zentrum vereinnahmen und dann von dort aus als Virus, Krebs und – von mir aus auch – eben als strategisch günstigen Schachzug alles andere vereinnahmen. Also, ich denke schon, daß das ihr Ziel ist, alle Schiffe zu vereinnahmen, alle Technologie; aber eben auch die Menschen und die anderen Rassen.

Kai-Uwe: Sie werden ins Kollektiv integriert, sofern sie technologisch von Interesse sind, um sich ihres Wissens zu bemächtigen.

David: Gut, okay, sie sollen in das Kollektiv eingegliedert werden und sollen ihre Individualität verlieren.

Kai-Uwe: Aber der Ankerpunkt für die Borg ist immer die Technologie. Die Föderation hat eine Technologie, die sie beherrschen wollen. Und alle anderen Imperien, die nebenbei auf dem Weg zur Erde liegen, werden übersehen, sofern sie nicht von gleichem Interesse sind.

David: Und warum werden sie übersehen?

Kai-Uwe: Weil sie technologisch uninteressant sind für die Borg.

David: Na, das glaube ich nicht. Ich glaube eher, daß die Borg ganz genau wissen, also strategisch gesehen, daß, wenn sie die Erde erst mal haben, der Rest sozusagen leicht sein wird.

Kai-Uwe: Ja, innerhalb der Föderation!

David: Ja, natürlich! Ja gut, das könnte so oder so gehen. Also ich denke mal, ich sehe den Punkt, aber ich glaube, die Stoßrichtung ist eine andere.

6. Die Faszination von *Star Trek* – Religion, Philosophie oder Therapie?

Arne: Kommen wir nochmals auf die Faszination von *Star Trek* und speziell das Fandom zurück. Es gibt eine Hypothese, die das dadurch zu erklären sucht, daß das Ganze einen halbreligiösen Charakter hat. Fans wären somit Jünger, Gläubige, die ein Vorbild, einen Schöpfer haben: Gene Roddenberry. Er hat ein Werk geschaffen, eine Welt, und die Fans treffen sich auf Conventions wie auf Gottesdiensten. Gibt es dieses religiöse Moment?

David: Als Nichtmitglied eines Fanclubs kann ich das für mich erstmal ausschließen. Aber wie wir schon vorhin bezüglich der verschiedenen Ebenen von Fans diskutierten, gibt es Fans, die ihr Fansein als den bestimmenden Daseinsgrund überhaupt ansehen: die Serie zu sehen, die Serie zu leben, die Serie nachzuvollziehen, die Serie zu kaufen, die Serie zu essen, zu trinken, anzukleiden und so weiter und so fort. Das kann religiöse Züge annehmen, wenn es weit genug führt, also fanatische Züge. Aber für das Gros ist es mehr eine Philosophie oder ein Hobby. Aber das hat immer so einen negativen Beigeschmack, deshalb sage ich ungern Hobby. Ja, Philosophie trifft das ganz gut oder eben auch eine gewisse Beschäftigung mit einem Medium, welches mehr zuläßt, als nur dumm vor dem Fernseher zu sitzen.

Arne: Also, Hobby oder Philosophie? Dabei steht Philosophie ja eher für Sinnstiftung: Ich habe Fragen, und hier bekomme ich Antworten. Da bewegt man sich natürlich in der Grauzone zur Religion: Welche Frage du auch hast, Gott ist immer die Antwort.

Kai-Uwe: Eine dritte Alternative wäre Therapie. Das ist ja ganz zu Anfang schon mal aufgetaucht. Nicht Philosophie, auch nicht Religion, sondern Lebenshilfe!

Anja: Also, man könnte das tatsächlich dreigeteilt sehen. Der Kontakt mit anderen ist gut und nicht unwichtig. Es ist schon schön, daß ein paar Leute die gleiche Gesinnung haben. Und, na ja, Philosophie, warum nicht? Kann auch sein, und Therapie genauso. Man liest ein lustiges *Star-Trek*-Buch, weil man halt mal Lust darauf hat, oder ein trauriges, wenn man sich danach fühlt. Vielleicht wirkt das nach außen hin etwas seltsam: Roddenberry als irrer Schöpfer und so. Aber ich meine: Wenn man das mal mitgemacht hat, sieht man das ganz anders. Auf so eine Convention geht man ja nicht hin, um sich die Charaktere aus der Serie anzugucken, sondern um sich die Schauspieler anzuschauen, und was die von den Hintergründen der Serie zu erzählen haben, und das ist dann wieder etwas ganz anderes. Zwar erzählen die auch über *Star Trek*, denn das interessiert mich natürlich, davon habe ich ja schon Ahnung. Darüber hinaus erzählen sie aber auch Sachen, von denen man in der Serie überhaupt nichts erfährt.

Arne: Aber mit welchen Konsequenzen? Wenn ich die Schauspieler als reale Personen kennenlerne und sie mir etwas über ihre Interessen, Neigungen und Bedürfnisse mitteilen, dann könnte das doch zu der Einsicht führen, daß die auch nur ganz normale Menschen sind? Betreibt man damit nicht die Entzauberung der Serie – und zwar mit voller Absicht?

Anja: Gerade die *Star-Trek*-Fans, die auf Conventions gehen, können sehr genau differenzieren zwischen dem Charakter, den sie im Fernsehen sehen oder wo immer, und dem Schauspieler als normalem Menschen. Das wirkt vielleicht nach außen ein bißchen wie eine Religion, aber warum sollte man das nicht auch mal so sehen. Ich meine, viele Sachen werden ja in diesem Zusammenhang sehr kraß gesehen, was mich auch sehr stört: Sieht man bei Conventions alle Fans mit Kostüm, dann heißt es gleich: »Was sind das für Idioten und Verrückte?!«

David: Es wird stark verallgemeinert!

Anja: Ja genau, und das kommt in der Medienbetrachtung nie so raus, weil die das auch gar nicht so haben wollen.

Kai-Uwe: Hat das eigentlich Sektencharakter?

Anja: Nein, also so schlimm ist das nicht. Also von meiner Seite aus hat das überhaupt keinen Sektencharakter, auch wenn das den Anschein hat.

Tamara: Was wir am Anfang schon gehört haben, daß in den Fanmagazinen doch ganz wild verschiedenste Meinungen knallhart aufeinanderprallen, das ist schon mal sehr sektenuntypisch.

Oliver: Hauptsache, es gibt keine Instanz, die von oben entscheidet; das ist schon mal ein Unterschied zu einer Sekte.

David: Selbst Filme werden als apokryph bezeichnet. Die vielgehaßte Produktion *Star Trek V* ist ein gutes Beispiel, nicht nur, weil William Shatner Regie führte, und das erbärmlichst, sondern weil die Handlung jeden Trekker, der auch ein bißchen gesunden Menschenverstand hat, total enttäuscht und mit der Serie an sich nichts zu tun hat. Der Film ist für die meisten ein Unding, ein Fremdkörper, obwohl es sozusagen *Star Trek* ist, obwohl es Paramount ist, obwohl es sozusagen die Bibel ist. Letztendlich ist das Beneidenswerte an *Star Trek* die denkende Fangemeinde, die sehr wohl unterscheiden kann und auch sehr gut Bescheid weiß über das, was sie da tun, und sich durchaus auch Gedanken macht über das, was sie da sehen.

Kai-Uwe: Und während man normalerweise sagen würde, Faszination hat etwas mit Undifferenziertheit zu tun, ist es hier koppelbar: Die Leute sind relativ reflektiert dabei und trotzdem hochgradig fasziniert?

David: Ich kann erst von etwas fasziniert sein, was ich verstehe. Mathematik kann für Leute faszinierend sein, wenn sie sie verstehen.

Kai-Uwe: Ja, aber dieses Massenphänomen würde ich auf die Mathematik nicht unbedingt übertragen.

David: Ich würde das nicht trennen wollen. Ich denke schon, daß man erst bei näherer Betrachtung fasziniert ist. Aber das läßt sich durchaus koppeln – Faszination und Reflexion.

Kai-Uwe: Faszinierend! Offensichtlich ist der Aufwand, über diese Serie nachzudenken, deren Logik nachzuvollziehen und sich Gedanken zu machen über das Verhältnis von Variation und

Konstanz von einzelnen Komponenten im Verlauf von *Star Trek* ungeheuer groß im Vergleich zu vielen anderen Serien?

Tamara: Also dieses intensive Reflektieren über einzelne Aspekte einer bestimmten Folge und auch das Reflektieren über sich selbst, ob man sozusagen nach diesen Idealen lebt oder nicht, hat schon damit zu tun, daß sie sich – vor allem bei *TNG* – den Luxus herausnehmen, mal eine ganze Folge einer solchen Reflexion nur einer der Figuren zu widmen. Mitunter habe ich hinterher überlegt: Was ist denn heute eigentlich passiert? Es ist nichts passiert: Da hatte eine Figur ein richtig mächtiges Problem, und die ganze Folge diente mit allen ihren Handlungssträngen eigentlich nur dazu, sich mit diesem Problem auseinanderzusetzen. Und ich denke, das könnte damit zu tun haben, daß das immer intensiver wird mit dem Reflektieren.

Kai-Uwe: Stimmt das noch mit der Message von Roddenberry überein? Bisher habe ich immer nur dieses Harmoniesüchtige herausgehört, das Toleranzprinzip.

Tamara: Mit Toleranz hat es schon etwas zu tun, weil ja nicht nur über irgendwelche Probleme sehr gründlich reflektiert wird, die eine der »guten Figuren« hat, sondern auch darüber, warum jemand, der zu den sogenannten »Bösen« gehört, ist, wie er ist. Dieses eindeutige Schwarz/Weiß, Gut/Böse sehe ich bei *TNG* überhaupt nicht mehr. Ganz im Gegenteil: Ich habe mich da mitunter schon ertappt, wie ich dachte: »Ich hätte es jetzt lieber gehabt, wenn der Böse jetzt einfach weg wäre.« Aber nein, statt dessen sind ja noch 10 Minuten Handlung übrig, in denen mir klargemacht wird, daß dieser so gehandelt hat, weil er gar nicht anders konnte. Und das Ziel ist eben doch die friedliche Koexistenz, das gegenseitige Akzeptieren, und jeder geht seiner Wege.

Anja: Das ist es eben, was ich so faszinierend finde, auch wenn es nur so nebenbei anklingt, daß *Star Trek* wirklich mal intelligent ist, eine wirklich intelligente Science-fiction-Serie.

Richard Saage
Utopie und Science-fiction

Versuch einer Begriffsbestimmung

Das Verhältnis von Utopie und Science-fiction ist umstritten. So verwirft Hans Jonas zwar die Utopie in der Version Ernst Blochs als *Das Prinzip Hoffnung*: In ihrem instrumentellen Zugriff auf die Natur sei sie ökologisch untragbar, und ihr soziopolitisches Organisationsschema laufe auf die Entmündigung des einzelnen hinaus. Zugleich lobt er aber die »ernste Seite der ›Science-fiction‹«: Sie deckt sich ihm zufolge voll mit dem »Prinzip Verantwortung«, weil sie den beiden zentralen Pflichten einer Zukunftsethik, nämlich der »Beschaffung der Vorstellung von den Fernwirkungen« und der »Aufbietung des dem Vorgestellten angemessenen Gefühls«[1] voll genüge. Auch wenn Zukunftsprojektionen unsicher seien, komme eine Ethik der Verantwortung um »die Projektion wahrscheinlicher oder auch nur möglicher Endeffekte«[2] nicht herum. Sie könne auf eine »imaginäre Kasuistik« nicht verzichten, die – im Unterschied zu Recht und Moral – sich in Form eines heuristischen Gedankenexperiments auf die »Aufspürung und Entdeckung noch unbekannter (Prinzipien)«[3] konzentriere. In der Schaffung eben solcher wohlinformierter Szenarien liege aber das Verdienst der Science-fiction, »deren plastischen Ergebnissen die hier gemeinte heuristische Funktion zukommen kann. (Man vergleiche zum Beispiel A. Huxleys *Brave New World*.)«[4]

Jonas bewertet also nicht nur »Utopie« und »Science-fiction« in unterschiedlicher Weise; er differenziert auch auf einer terminologischen Ebene zwischen ihnen, selbst wenn er die analytische Unterscheidung nicht weiter begründet. Andererseits ist in den

Sozialwissenschaften Science-fiction mit Utopie identifiziert worden. Bereits in den 50er Jahren hatte Martin Schwonke die Entwicklung des »Staatsromans« zur »Science-fiction« belegen zu können geglaubt. Seine These war, daß die klassische politische Utopie zur Science-fiction mutiere: Letztere habe »mit der Transformation des Zeitbewußtseins«, also mit dem Umschlag von der Raum- zur Zeitutopie seit der Mitte des 18. Jahrhunderts, das Erbe der ersteren angetreten. Der ›Staatsroman‹, so sein Befund, sterbe aus. »Aber auch in Darstellungen, die dem veränderten Zeitbewußtsein und der zeitgenössischen Wirklichkeitsauffassung entsprechen, sind die politischen und sozialen Zielsetzungen zugunsten des ständig wachsenden Einflusses von Wissenschaft und Technik in den Hintergrund getreten. Die nüchtern prognostizierende Intention und die oft sehr sorgfältige Analyse der technischen Zukunftsmöglichkeiten und ihrer Konsequenzen geben zu erkennen, wie sehr das heutige utopische Denken durch Wissenschaft und Technik bestimmt ist.«[5] Dem entspricht, daß im angelsächsischen Sprachraum die Utopie im allgemeinen dem Begriff der Science-fiction zugeordnet wird. Dennoch hat sich in der Bundesrepublik, so scheint es, diese Gleichsetzung weder in der Umgangssprache noch in der Utopie- und Science-fiction-Forschung durchgesetzt.

Tatsächlich kann Schwonkes Identifizierung von Utopie und Science-fiction nicht überzeugen. Er wirft der klassischen, auf Morus zurückgehenden Utopietradition vor, sie konzentriere sich »ausschließlich« auf »Aussagen über politische Ordnungen und soziale Strukturen«. Von vornherein auf politische und soziale Kategorien und Vorstellungen festgelegt, verfehle sie »aus einem so begrenzten Blickwinkel« die Frage nach Bedingung, Ursprung und Genese der Utopie.[6] Diese Argumentation ist aber nur dann schlüssig, wenn der von Morus initiierte Utopiediskurs im 20. Jahrhundert abgebrochen wäre. Das aber ist nicht der Fall. Selbst noch die großen Utopien seit dem Ende des Zweiten Weltkrieges, von Orwells *1984* und Skinners *Walden Two* über Huxleys *Eiland*, Callenbachs *Ökotopia* und Le Guins *Planet der*

Habenichtse bis hin zu den feministischen Utopien der 70er und 80er Jahre, haben zwar das Morussche Muster erheblich modifiziert, aber nie ganz mit ihm gebrochen.[7] Unter dieser Bedingung ist Schwonkes Argumentation aus den 50er Jahren heute kontraproduktiv. Es hat keinen Sinn, der *Utopia* des Thomas Morus, der das ganze Genre nicht nur den Namen, sondern auch seine Struktur verdankt, vorzuwerfen, sie artikuliere sich in Kategorien eines fiktiven Gesellschaftsmodells. Wer diese Prämisse nicht akzeptiert, sollte konsequent genug sein, dasjenige, was er unter »Utopie« zu subsumieren sucht, als eigenständiges Phänomen zu begreifen.

Für eine solche Lösung im Sinne einer begrifflichen Unterscheidung zwischen Utopie und Science-fiction werde ich im folgenden argumentieren. Wenn ich von »der« Utopie rede, meine ich stets ihre klassische, auf Morus zurückgehende Variante. Inwiefern meine Überlegungen auch auf das intentionale Utopieverständnis, wie es von Landauer, Bloch und Mannheim entwickelt wurde, oder auf den totalitarismustheoretischen Begriff bei Karl R. Popper zutreffen, kann hier nicht weiter untersucht werden.[8]

Klaus Burmeister und Karlheinz Steinmüller haben in dem Sammelband »Streifzüge ins Übermorgen«[9] Materialien publiziert, die zu einer Klärung unseres Problems beitragen können, obwohl, wie der Untertitel des Bandes zeigt, ihr systematisches Interesse der Gegenüberstellung von »Science-fiction und Zukunftsforschung« gilt. Dieser Band ist für die Utopiediskussion aber auch deswegen von großer Bedeutung, weil seine Autoren ausschließlich Experten der Zukunfts- und Science-fiction-Forschung sind: Um so bemerkenswerter erscheint es, daß die meisten von ihnen die angelsächsische Zuordnung der Utopieliteratur zur Sciencefiction nicht nachvollziehen. Doch mit welchen Argumenten nehmen sie hier eine systematische Differenzierung vor?

Zunächst legen einige Beiträge nahe, daß die historische Genese der klassischen positiven Sozialutopie ganz anders war als die der

Science-fiction. Die politische Utopie in ihrer *archistischen* (herrschaftsbezogenen) und *anarchistischen* (herrschaftsfreien) Spielart[10] ist bekanntlich in der Antike entstanden. Sie gewann in der Frühen Neuzeit mit der Veröffentlichung der *Utopia* des Thomas Morus ihr modernisiertes Gepräge. Die politische Utopie suchte und sucht nach ganzheitlichen Antworten auf die Krise der feudalen Welt und die sozialen Probleme der entstehenden bürgerlichen Gesellschaft in ihrer vorindustriellen Phase, aber auch in der Periode der Industriellen Revolution sowie in ihrem postindustriellen Entwicklungsstadium.[11] Demgegenüber ist die Science-fiction, wie Karlheinz Steinmüller mit Recht hervorhebt, ein Ausfluß des Wissenschafts- und Technikoptimismus des 19. Jahrhunderts, obwohl sie, wie hinzuzufügen wäre, bereits in den Schriften Cyrano de Bergeracs, Godwins u. a. Vorläufer im 17. und 18. Jahrhundert hat. »Heroen des neuen, dynamischen Zeitalters, Heroen auch seiner Literatur sind seine Schöpfer: Wissenschaftler und Ingenieure, aber auch Entdeckungsreisende, die den letzten unberührten Flecken der Erde dem fortschrittlichen Jahrhundert erschließen, desgleichen scharfsinnige Detektive, unternehmerische Erfinder, die Dampfkraft und Elektrizität nutzbar machen...«[12] Diesem neuen »Sozialcharakter«, nicht aber – wie man hinzufügen könnte – gesellschaftlichen Krisenherden haben die Gründungsväter von Science-fiction ihre Inspiration verdankt: So setzte Jules Verne einem Ingenieur wie Cyrus Smith aus der *Geheimnisvollen Insel* (1875) oder Kapitän Nemo aus *Zwanzigtausend Meilen unter den Meeren* (1870) ebenso ein Denkmal wie dem Artilleristen in *Von der Erde zum Mond* (1865) oder dem Geographen Lidenbrock in *Reise zum Mittelpunkt der Erde* (1864).

Aber auch die Bauprinzipien, nach denen die klassische Utopie und Science-fiction konstruiert sind, unterscheiden sich gravierend. Nachweisen läßt sich diese Differenz an der unterschiedlichen Weise, wie utopisches Denken und Science-fiction auf Wissenschaft und Technik reagieren. Zwar stellt Schwonke zu Recht fest, daß die großen Utopisten bis zum Ende des 18. Jahrhunderts nicht in der Lage waren, »das Bild einer durch Wissenschaft gestalteten und umgeformten Gesellschaft zu entwerfen. Frömmigkeit, Gesetze und vernunftgemäße Organisation sind in den Utopien noch auf Jahrhunderte hinaus die wichtigsten Mittel zur Errichtung eines Idealstaates.«[13] Doch auch für die ältere Utopietradition spielte seit Morus die Hochschätzung von Naturwissenschaft und Technik eine entscheidende Rolle: Die Option für sie symbolisiert den Bruch mit der statischen Ständegesellschaft und damit den Willen zur Gestaltung der gesellschaftlichen Verhältnisse durch die Menschen selbst. Seit Beginn des 19. Jahrhunderts avancierten mit dem irreversiblen Durchbruch der Industriellen Revolution Naturwissenschaft und Technik sogar zu einem Eckpfeiler des utopischen Entwurfs: Mit der Konzipierung »Technischer Staaten« erzwang der wissenschaftlich-technische Fortschritt die sozio-politische Organisation, die er zu seiner Entfaltung benötigte.[14] Dennoch interessiert das utopische Denken sich nicht so sehr für die Technik an sich, sondern vielmehr für ihre Rolle bei der Befreiung der in der Gesellschaft lebenden Individuen von Elend, Ausbeutung und Arbeitsfron.

Demgegenüber ist Science-fiction durch eine andere Stoßrichtung charakterisiert. Ihr geht es zentral um das »Ob und Wie der technischen Innovation«. Ihre Autoren interessieren sich dafür, wie ein »Raumschiff möglichst realistisch zum Fliegen gebracht« wird. Kurz: Sie überbetonen »den Anspruch von Science in dem Begriff Science-fiction«.[15] Wenn aber die politisch-soziale Dimension in den Hintergrund tritt oder ganz fehlt, hat Science-fiction sich zu einem Genre entwickelt, das eigenen Gesetzmäßigkeiten folgt. Das ihm zugrundeliegende Erkenntnisinteresse ist vorwiegend auf die immanente Entwicklung der modernen Technik ausgerichtet, das fiktive Konstrukt gilt »immer weniger als Idealzustand, als vollkommenes Gegenbild einer unvollkommenen Wirklichkeit und gewinnt dafür mehr das Ansehen einer Durchgangsstation in einer Aufwärtsbewegung, die die Möglichkeit oder gar die Notwendigkeit weiterer Veränderungen und Verbesserungen offenläßt«.[16]

Damit werden vier weitere Differenzen deutlich, die die klassische Utropietradition von der Science-fiction trennen. Selbst nach ihrer geschichtsphilosophischen Wende ist das klassische utopische Denken ohne Prognostik ausgekommen. Bei Mercier z. B., der als einer der ersten das utopische Gemeinwesen in die Zukunft, in das Jahr 2440 projizierte, spielen, wie Koselleck schreibt, Wahrscheinlichkeitsrechnungen usw. keine Rolle. Das gelte auch für Rousseau, »dessen Visionen nicht mathematisierbar sind. Im Unterschied dazu kommen bei Condorcet Bevölkerungszählung, Lebenslänge, Versicherungswesen usw. herein, während solches von Mercier als gerade unmoralisch abgetan wird«. Prognostik sei das Gegenteil der Utopie. Man könne semantisch zeigen, »daß eine Utopie im allgemeinen die Zukunft mit Ist-Bestimmungen als Sein beschreibt: ›Es ist so...‹ und nicht ›Es wird so...‹«. Im letzteren Falle müßten die Utopisten gerade das tun, wovon sie sich in der Regel distanzieren: mit »wenn – dann«-Sätzen, also mit offenen Hypothesen zu arbeiten.[17] Im Gegensatz zu diesem Ansatz lebte Science-fiction seit ihren Anfängen von einer – wenn auch imaginär angereicherten – Prognostik technischer Entwicklungen, die bis zur Antizipation der Atombombe durch Karel Čapek und Herbert G. Wells reichte. Eine in der Science-fiction übliche Vorgehensweise sieht denn auch Axel Zwick in der literarischen Extrapolation »von Folgen bereits existierender oder sich abzeichnender Entwicklungen in die Zukunft«.[18] Dabei gehe die seriöse Science-fiction von Folgeannahmen aus, »die weder Naturgesetzlichkeiten mißachten (Autonomie der Physik) noch auf historisch nicht rekonstruierbare Abwege verfallen«.[19] Allerdings unterscheidet sie sich von der Zukunftsforschung dadurch, daß sie, wie Spittel hervorhebt, »auf jeden Wahrscheinlichkeitsbeweis (verzichtet), ja, sie will aus ihren Hypothesen noch nicht einmal Thesen werden lassen«.[20]

Daß in der Tat das prognostische Prinzip des »Wenn – dann«, das die Science-fiction mit der Zukunftsforschung verbindet, aber von der Utopie trennt, nicht nur auf die visionäre Extrapolation wissenschaftlich-technischer Trends, sondern auch auf die Geschichtsschreibung allgemein anwendbar ist, hat Carl Amery sehr scharf herausgearbeitet. Für ihn ist die Frage:»Was wäre gewesen, wenn...?« ein legitimer Ansatz für eine Alternativgeschichte, weil sie die Chance bietet,»etwas für die *lost causes*, für die untergegangene Fahne, die verpaßte Chance, die besiegte und verschwundene Möglichkeit«[21] zu tun. Da die Behauptung, wir lebten in der besten aller Welten, in der die Geschichte optimal verlaufen sei, keine Beweiskraft hat, sieht er in einem solchen alternativen Szenario als Unterabteilung der Science-fiction eine notwendige kritische Relativierung der Geschichte der Sieger.[22]

Aus der einseitigen Wissenschaftsorientierung der Science-fiction resultiert eine *zweite* Differenz. Die politische Utopie ist ein Konstrukt von Menschen mit einem spezifischen Erkenntnis- und Handlungsinteresse. Als Ausfluß der säkularisierten Vernunft will sie Gesellschaftsmodelle projizieren, die zu einer Humanisierung der menschlichen Verhältnisse beitragen sollen: entweder in Gestalt von Wunsch- oder in Form von Furchtbildern zukünftiger Sozietäten. In jedem Fall sollen Energien mobilisiert werden, die auf die Entwicklung der»einen« Menschheit bezogen sind. Science-fiction folgt dagegen der Logik des kopernikanischen Weltbildes. Wenn die Erde nicht mehr im Mittelpunkt des Alls steht, dann kann nicht ausgeschlossen werden, daß es Planeten mit Lebewesen gibt, die dem Menschen ebenbürtig oder sogar überlegen sind. Diese Möglichkeit wirft Fragen auf, um die die Szenarien der Science-fiction kreisen:»Wie wird (der Mensch) mit den fremden Welten fertig? Wie kann er sich in einer sich verändernden Welt behaupten? Welche Anforderungen werden an seine Initiativen, an seine Anpassungsfähigkeit gestellt werden?«[23] Aus dieser Erschütterung des anthropozentrischen Weltbildes folgen zentrale Topoi der Science-fiction: Ihr ist das Raumfahrtthema ebenso gewidmet wie ihrem Gegenpol, der unter dem Schlagwort»from outer space« Schule gemacht hat;»nicht der Mensch dringt in den Weltraum vor, sondern der Weltraum kommt zu ihm«.[24] Zugleich bot dieses Paradigma ein Medium, in das realistisch-konkrete Probleme im interplanetarischen Maßstabe projiziert werden konnten:»Bisher waren die ›anderen Welten‹ als für sich bestehend und abgeschlossen geschildert worden. Nur ausnahmsweise gelangten einzelne Besucher zu ihnen. Jetzt aber rückte der fremde Planet in den Aktionsbereich der Erde oder umgekehrt die Erde in den Aktionsbereich anderer Planeten. Dieses Miteinander-zu-tun-Haben führt in den Marsromanen von Wells und Laßwitz wenigstens zeitweise zu kriegerischen Konflikten. Im Zeitalter imperialistischer Politik war eine solche Vorstellung wohl naheliegend.«[25]

Eine *dritte* Differenz darf nicht verschwiegen werden. Die politische Utopie hatte von Anfang an ihr Rationalitätskriterium in der weltimmanenten Vernünftigkeit einer gelungenen sozialen Organisation, sei sie nun staatlich oder nichtstaatlich verfaßt. Zu ihr stehen Wissenschaft und Technik gleichsam in einem dienenden Verhältnis. Sie werden – wie im 19. und frühen 20. Jahrhundert – aufgewertet, sofern sie Potentiale bieten, die der Entfaltung der Menschheit dienen. Aber das utopische Konstrukt gerät dann zu ihnen in kritische Distanz, wenn – wie im Ausgang des 20. Jahrhunderts – ihre Destruktionskapazitäten zu überwiegen beginnen.[26] Demgegenüber sind für die Science-fiction – wie schon dargelegt – Wissenschaft und Technik autonome Größen. Ihr Rationalitätskriterium ist der jeweilige Stand des wissenschaftlich-technischen Fortschritts selbst. Wenn der Glaube an die Dauerhaftigkeit natürlicher Zustände und die dogmatische Geltung naturwissenschaftlicher Gesetze durch die Evolutionstheorie Darwins, durch die Entdeckung der Uranstrahlung (Becquerel), die Atomumwandlung (Rutherford), die Relativitätstheorie (Einstein) sowie durch die Einsicht, daß die euklidische Geometrie nur ein Sonderfall einer umfassenderen Mathematik ist, erschüttert wird, dann mußten diese Paradigmenwechsel für die Science-fiction weitgehende Konsequenzen haben. »Selbst bei den kühnsten Antizipationen, die über die Grenzen des nach den augenblicklichen Kenntnissen Möglichen weit hinaus gingen, glaubten die Autoren nicht mehr, sich im grundsätzlichen Widerspruch zur Wissenschaft zu befinden.«[27] Hielt sich Jules Verne noch eng an den Rahmen des von der Aufklärung geprägten konventionellen naturwissenschaftlichen Weltbildes, so hatte H. G. Wells, der durchaus über die neuesten naturwissenschaftlichen Entwicklungen informiert war, keine Hemmung, Wesen ohne Verdauungsapparat und Sexualität darzustellen: Riesige dreibeinige Maschinen, die nur noch aus Hirn bestehen.

Eine *letzte* Differenz wird erkennbar in der literarischen Beschreibung. Die klassische Utopietradition steht und fällt mit dem Entwurf eines Gesellschaftsmodells, das, staatlich oder nichtstaatlich verfaßt, dem Leser plausibel vor Augen führt, wie das ideale Gemeinwesen von den Beziehungen zwischen den Geschlechtern über die Wirtschaft bis zur Politik, Erziehung, Justiz, dem Verhältnis zu Krieg und Frieden sowie zu Kunst, Architektur und Wissenschaft optimal funktioniert. Demgegenüber bleibt im ursprünglichen Ansatz von Science-fiction, wie Marzin schreibt, »die fiktive Welt, in der sich die Protagonisten bewegen, (...) in den meisten Fällen doch nur Staffage« [28]: Der Boden, auf dem sich die Helden bewegen, ist im Grunde beliebig austauschbar. So konzentrieren sich die Autoren im »Golden Age« der amerikanischen Science-fiction, also etwa von 1938 bis Ende der vierziger Jahre, auf einen minimalen Ausschnitt der zu beschreibenden Welt, um gerade noch den Handlungsablauf plausibel erscheinen zu lassen. Ihr kommt es nur darauf an, im Rahmen eines starren Freund-Feind-Bildes durch »tough guys« den Weltraum von »Aliens« (Fremden) säubern zu lassen: Nicht das Szenario einer Gesamtgesellschaft ist für die klassische Science-fiction entscheidend, sondern die Handlung bzw. der Protagonist, »der sich in einer Welt bewegen mußte, von der nur der engste Kreis definiert und vom Autor – zumeist noch widersprüchlich – beschrieben wurde«. [29]

Bedeuten diese gravierenden Differenzen zugleich aber auch, daß es zwischen Science-fiction und Utopie keine Gemeinsamkeiten gibt? Diese Frage erhebt sich schon allein deswegen, weil Brian Stableford in Herbert George Wells mit guten Argumenten einen der Gründungsväter der Science-fiction sieht. [30] Er nennt insbe-

sondere dessen Romane *Die Zeitmaschine* (1895), *Von kommenden Tagen* (1897) und *Wenn der Schläfer erwacht* (1899). Andererseits kann Wells mit seinem *A Modern Utopia* (1905) aber auch
zwanglos in die klassische Utopietradition eingeordnet werden,
selbst wenn er zentrale Strukturmerkmale des klassischen Mu-
sters kritisiert; beispielsweise das Homogenitätsideal: Solange
wir Unterschiede ignorierten, verleugneten wir die Individualität,
so lautet sein zentrales Argument. Deren Negation sei die Sünde
aller bisherigen Utopien gewesen, weil sie im absoluten Gegensatz
zum Selbstwertgefühl des modernen Menschen stehe.[31] Auch das
klassische Prinzip der Abschottung des idealen Gemeinwesens
halte den Erfordernissen der modernen Welt nicht stand: Die in
ihr lebenden Menschen sähen in ihrer ungehinderten Bewegungs-
freiheit ein unverzichtbares Recht, dem auch die Utopie Rechnung tragen müsse.[32] Und schließlich habe die klassische Utopie
Konflikt und Konkurrenz perhorresziert. Ihr müsse die moderne
Utopie einen hohen Stellenwert einräumen, wolle sie nicht ihre
eigene Irrelevanz besiegeln.[33] Doch diese Kritik ist durchweg positiv gemeint: Wells geht es in diesem Text nicht darum, die politische Utopie durch Science-fiction zu ersetzen; vielmehr will er
sie modernisieren, damit sie verlorene Relevanz kompensieren
kann.

Und es ist in der Tat unübersehbar, daß Utopie und Science-fiction – bei allen Unterschieden – gemeinsame Schnittmengen haben, vor allem durch ihre Frontstellung gegenüber dem eschato-
logisch-chiliastischen Denken. In der Tat spricht alles dafür, daß
sich Utopie und Science-fiction »nicht aus der Eschatologie, sondern an ihr und gegen sie entwickelt«[34] haben. Exponenten einer
anderen, ja, entgegengesetzten Denkweise, ließen sich die großen
Utopisten von den Möglichkeiten der menschlichen Vernunft
und des neuen naturwissenschaftlichen Weltbildes inspirieren
und nicht von Visionen des Jüngsten Gerichts. Im Gegensatz zu
den chiliastisch-ekstatischen Visionen eines Joachim von Fiore
und der Wiedertäufer sind Utopie und Science-fiction innerwelt-
liche Konstrukte: Ihre Grenzüberschreitungen beziehen sich

nicht auf die Transzendenz, sondern auf den Möglichkeitscharakter der irdischen Realität, und ihr Subjekt ist nicht Gott, sondern der Mensch selbst. Demgegenüber ist alles, was in der chiliastischen Heilslehre geschieht, »ein Akt von oben«. »Nicht der Mensch drängt über die Grenze seines Daseins hinaus, sondern das Gnadenreich kommt von ›außen‹ zu ihm, es ›bricht herein‹.« [35]

Noch wichtiger ist aber in unserem Zusammenhang, daß es seit Anfang der 60er Jahre zu einer Art Konvergenz von klassischer Utopie und Science-fiction gekommen ist. Sie schlug sich vor allem in der Tatsache nieder, daß im Medium der Science-fiction das fiktive gesellschaftliche Konstrukt zunehmend aufgewertet wurde. So legten Arkadi und Boris Strugatzki, wie Erik Simon zeigen kann, in ihrem Episodenroman »Rückkehr« einen fiktiven Gesellschaftsentwurf für das 22. Jahrhundert vor, der klassische Topoi der utopischen Tradition aufweist: Sie reichen von einer geeinten Menschheit und einem auf wissenschaftlich-technischem Fortschritt beruhenden beispiellosen Wohlstand für alle bis hin zur Vervollkommnung des Menschen im Medium schöpferischer Arbeit und gesellschaftlicher Harmonie, die nicht zuletzt auch das Resultat eines effektiven und ausdifferenzierten Erziehungssystems sind. [36] *Star Trek – The Next Generation* hat zweifellos das Erbe dieses Trends zu einer positiven Zukunftsvision angetreten: Normative Aspekte des gesellschaftlichen Zusammenlebens drängen das Action-Muster in den Hintergrund. So gesehen läßt die Kombination aus rationalem aufklärerischem Denken, romantischen Gefühlen, der entdeckerischen Neugier und der »Philosophie des Weltraums«, die sich am Universum als Ganzem orientiert, künstliche Mittel der Spannungssteigerung wie Raumkämpfe oder Verfolgungsjagden beinahe obsolet erscheinen. [37]

Umgekehrt wird man sagen können, daß sich das utopische Genre schon sehr viel früher für die Rezeption von Science-fiction-Elementen geöffnet hat. So ist die utopische Mars-Zivilisation, wie Bogdanow sie vor dem Ersten Weltkrieg konzipierte, der irdischen Welt in den ersten Jahrzehnten des 20. Jahrhunderts in wichtigen Fragen der Wissenschaft und Technik weit voraus. Sie verfügt nicht nur über mit Atomenergie betriebene Raumschiffe: »Radioaktive Elemente und ihr Zerfall waren uns weitaus früher bekannt als Curie und Ramsay, und unsere Wissenschaftler haben viel früher und gründlicher den Aufbau der Materie analysiert als die bedeutendsten Forscher der neuesten Zeit. So gelangten sie zu der Erkenntnis, daß Elemente existieren, die von irdischen Körpern abgestoßen werden, und dann wurde diese ›Minus-Materie‹, wie wir sie kurz bezeichnen, synthetisiert. Nun war es ein leichtes, diese Entdeckung technisch zu nutzen – anfangs wurden Flugapparate zur Bewegung in der irdischen Atmosphäre gebaut, dann Sternschiffe für den Flug zu anderen Planeten.«[38] Die Reihe der Rezeption von Elementen eines Science-fiction-Szenarios kann zwanglos fortgeführt werden bis hin zum Utopie-Diskurs der 70er Jahre, wie besonders Ursula K. Le Guin eindrucksvoll zeigt. Doch gerade an ihrem utopischen Roman *The Dispossessed* (1975) läßt sich demonstrieren, daß die Übernahme von Science-fiction-Ansätzen keineswegs die Preisgabe utopischer Identität bedeutet: Den rein technizistischen Zugriff hinter sich lassend, können Raumschiffe, Aliens, Roboter und interstellare Reise nicht verdecken, daß sie ein ideales Gesellschaftsmodell mit seinen ethischen Problemen und strukturellen Gefährdungen schildert, das seine Herkunft aus der klassischen anarchistischen Utopietradition nicht leugnen kann.[39]

Andererseits nahm ein bedeutender Teil der seriösen Sciencefiction bei Dick, Asimov, Lem, Clark, Monteleone oder Weißer mit der Aufwertung des Szenarios gesellschaftlicher Verhältnisse eindeutig dystopische (pessimistische) Züge an, die freilich seit Vernes *Das erstaunliche Schicksal der Mission Barsac* (1919) und Wells *Die Insel des Dr. Moreau* (1896) auch Teil ihrer eigenen Tradition sind. In dem Maße aber, wie in ihrem Medium der Protagonist nur noch als Spielball der depravierten fiktiven gesellschaftlichen Verhältnisse dargestellt wird, bricht freilich die spezifische Differenz zu den klassischen Dystopien erneut auf. Zwar versucht Olaf R. Spittel am Beispiel der ehemaligen DDR zu zeigen, daß die Science-fiction in diesem Land die »Zweige-schlechtlichkeit« des utopischen Ansatzes, nämlich Kritik und konstruktiver Gegenentwurf, übernommen habe. Jede Zeile des utopischen Entwurfs, auch in seinen dystopischen Varianten, ziele auf eine Verbesserung des Bestehenden ab: »ihr Kern ist ein rationales Modell der Weltverbesserung, oft genug eine einzige Idee, aus der heraus ein ganzes System sich auseinander herlei-tender Ideen entwickelt wird.«[40] Diese Aussage deckt sich sicher-lich mit zentralen Intentionen der klassischen »schwarzen« Uto-pien. Ein Menschenbild vor Augen, dessen Grundwerte der Solidarität, Liebe und Wahrhaftigkeit sie nicht relativierten, woll-ten Samjatin, Huxley und Orwell Kräfte freisetzen, damit eine Zu-kunft, die wir nicht wünschen, vermieden wird. Aber ob diese Intention die fortgeschrittensten Varianten der Science-fiction-Li-teratur insgesamt kennzeichnet, ist mehr als fraglich. Einerseits fiel nämlich bereits Martin Schwonke in den 50er Jahren auf, daß in den »schwarzen« Varianten der Science-fiction »das Politische vollkommen eliminiert ist: die Technik ist selbst der unheimli-che, bedrohliche Gegner; sie und nicht eine politische Doktrin führt den Insektenstaat herauf; ihr Exponent, der Ingenieur, und nicht die Armee eines kriegslüsternen Staates sprengt den Erd-ball in die Luft«.[41] Andererseits schreibt neuerdings Michael Salewski, die Avantgardisten der Science-fiction heute stellten nicht nur die »Idee des Menschen« radikal in Frage. Ausgehend von der Prämisse, daß alles, was theoretisch möglich ist, auch technisch realisiert wird, sei darüber hinaus ihre Botschaft ebenso klar wie deprimierend: »Niemand wird dem Untergang entgehen, die Zeit ist durchaus absehbar, zu der die Erde wieder einmal leblos, bar jeglichem Intelligentem (sic!) durch das Universum schweben wird.«[42] Nimmt man hinzu, daß in der »schwarzen« Science-fiction der Untergang durch die Ästhetisie-rung seiner Beschreibung den zur Umkehr motivierenden Schrecken verliert, so ist für die Utopieforschung die Frage rele-vant, die Salewski aufwirft: Ob die im dystopischen Gewand auf-tretende Science-fiction heute die Funktion, durch die sich die klassischen Dystopien einst definierten, überhaupt auszuüben vermag, nämlich als »Warnschilder für aktuelle Gefahren«[43] zu dienen?

Was haben, so muß abschließend gefragt werden, diese Überlegungen zum Verhältnis von Science-fiction und Utopie mit der ideenpolitischen Kontroverse über den Begriff der letzteren zu tun, von der anfangs die Rede war? Wenn nicht alles täuscht, geht Jonas' Versuch, Science-fiction gegen die politische Utopie auszuspielen, über dessen Intention, eine heuristische Folie für das Entdecken neuer ethischer Prinzipien zu entwickeln, weit hinaus: Science-fiction bedeutet, besonders in ihren »schwarzen« Spielarten, für die Konservativen, was die Utopie für die Linke war und wohl noch immer ist: Antizipation von Zukunft. Doch während die Linke sie in der Regel als Überwindung gesellschaftlicher Fehlentwicklungen der Gegenwart begreift, ist sie für den Konservatismus die Bestätigung der bestehenden gesellschaftlichen Machtverhältnisse. So sieht Salewski das Verdienst der Science-fiction gerade darin, daß ihre Autoren auf der verzweifelten Suche nach dem Paradies immer nur Höllen entdeckt hätten. Die Folgerung, die aus diesem Befund resultiert, ist eindeutig. Wenn alle möglichen Zukünfte nur schlechter sein können als die Welt, wie wir sie mit ihren Defiziten vorfinden, dann hilft dieses Wissen mit, »die alte vertraute, eigene Erde mit neuen Augen zu sehen, denn wie beklemmend garstig alle Himmelslieder – Die Träne quillt, die Erde hat uns wieder!«[44]

Herfried Münkler
Moral und Maschine *

Star Trek im Spannungsfeld von Sozialutopie und
technologischem Fortschritt

Das utopische Denken, dessen Geschichte weiter zu fassen ist als
die der Sozialutopien, die im präzisen Sinn erst mit Thomas
Morus beginnt [1], bietet seit jeher drei Varianten der Lösung gesellschaftlicher Probleme an:

Zunächst die Vorstellung, die Probleme, die aus der Knappheit
der zu verteilenden Güter resultieren, also Armut, Ungerechtigkeit, Verteilungskonflikte etc., ließen sich dank einer gesteigerten
Freigebigkeit der Natur beseitigen. Die natürlichen Voraussetzungen der menschlichen Lebenswelt verändern sich danach derart,
daß die Natur trotz geringerer Arbeitsleistung der Menschen
größere Mengen lebensnotwendiger Güter zur Verfügung stellt,
also Überfluß hervorbringt: Die Menge des Vorhandenen über-
steigt die des Bedarfs bzw. des Nachgefragten so deutlich, daß das
Knappheitsproblem nicht mehr besteht. Die biblischen Erzählungen vom Paradies, die Vorstellungen vom Goldenen Zeitalter, die
Geschichten um das Schlaraffenland, schließlich auch die Süd-
seemythen des 18. Jahrhunderts, insbesondere die Tahiti-Vorstel-
lungen, sind Beispiele hierfür.

Bei solchen Vorstellungen spielt immer auch die Idee einer
»Naturalisierung des Menschen«, wie dies der frühe Marx
genannt hat, eine bedeutende Rolle: Die Differenz zwischen vorhandenen und erforderten Gütern kann auch durch eine Reduzierung menschlicher Ansprüche überwunden werden. Mit Ausnahme des Schlaraffenlandes, das durch maßlosen Überfluß

* Für Hinweise und Anregungen danke ich Karsten Fischer

gekennzeichnet ist, gilt dies für alle der genannten Beispiele: Der paradiesische Zustand ist charakterisiert durch ein Leben relativer Bedürfnislosigkeit – dies gilt ebenso für das Goldene Zeitalter wie für die Vorstellungen der Europäer vom Leben der Südseeinsulaner. Auch in den Naturzustandskonzeptionen, wie sie sich bei John Locke und Jean-Jacques Rousseau finden, erwachsen die zeitweilige Stabilität und Friedlichkeit im Naturzustand aus einer relativen Bescheidenheit der Menschen. Noch in Herbert Marcuses emanzipatorischer Gesellschaftstheorie kommt der Kritik menschlicher Bedürfnisse eine entscheidende Bedeutung zu: Die historische Möglichkeit einer libertär-sozialistischen Gesellschaft sei durch den erreichten Stand der Produktivkraftentwicklung zwar gegeben, ihre Realisierung werde aber durch die permanente Schaffung von »Schein-Bedürfnissen« verhindert.[2] Das Knappheitsproblem ist demnach nur dann überwindbar, wenn die Produktionssteigerung nicht ständig durch Bedürfnissteigerungen kompensiert wird. Bis in die Alternativ- und Ökologiebewegung hinein spielt dieses utopische Ineinandergreifen von gesteigerter Freigebigkeit der Natur und größerer Selbstbeschränkung der Menschen eine wichtige Rolle.

In rudimentärer Form scheint diese Annahme auch in die in *Star Trek* geschilderten Sozialverhältnisse eingegangen zu sein: Soweit die nicht genauer dargestellten Austauschverhältnisse erfaßbar sind, ist von einer Limitierung menschlicher Bedürfnisse auf das unmittelbar Erforderliche auszugehen. Das mag den spezifischen Verhältnissen in den ›Weiten des Weltraums‹ geschuldet sein, ist aber zugleich eine wesentliche Voraussetzung der allenthalben unterstellten sozialen Stabilität.

Eine weitere Lösung des Knappheitsproblems, die sich in der Tradition des utopischen Denkens findet, ist die Überwindung von Ungerechtigkeiten bei der Verteilung von Gütern und Lebenschancen durch Veränderungen in der Organisation der Gesellschaft: Die Arbeitsorganisation wird optimiert und die Zahl der möglichen Konflikte dadurch minimiert. Beispiele dafür finden sich in den klassischen Sozialutopien bei Morus, Campanella und anderen bis hin zu den frühsozialistischen Reformprojekten und schließlich auch im Werk von Karl Marx, wenn man denn bereit ist, dieses im Hinblick auf utopische Elemente zu lesen.

Entscheidend bei dieser Veränderung der gesellschaftlichen Organisation ist eine verstärkte Planung, dank derer mehr und effizienter produziert wird. Voraussetzung einer solchen, das Leben der Menschen erleichternden Planung ist die Optimierung der Informationsbeschaffung und -verarbeitung. Die Überwachungs- und Kontrollinstanzen, die sich in den Sozialutopien seit Morus' *Utopia* finden, sind nicht zuletzt darauf zurückzuführen, daß die politische Spitze in ihrer Eigenschaft als gesellschaftliche Planungsinstanz informiert sein muß.

Im Unterschied zum ersten Strang utopischen Denkens, der infolge einer gesteigerten Freigebigkeit der Natur bei gleichzeitiger freiwilliger Reduzierung der Ansprüche der Menschen auf Elemente des Zwangs fast vollständig verzichten kann (die Dimension des Selbstzwangs qua vernünftiger Einsicht oder natürlicher Selbstbeschränkung bleibt hier ausgespart), sind in die klassische Sozialutopie fast immer Elemente des Zwangs eingegangen, freilich eines wohllegitimierten und rationalisierten Zwangs in der Form einer die Menschen früh erfassenden und sie entsprechend prägenden Erziehung. Doch unbeschadet des sozialutopisch unterstellten durchschlagenden Erfolgs dieser Erziehung bleibt die Differenz zwischen Kontrolleuren und Kontrollierten, die in den sog. Anti-Utopien des 20. Jahrhunderts – zu nennen wären hier Samjatins *Wir*, Huxleys *Brave New World* und Orwells *1984* – zum Ausgangspunkt der Utopiekritik geworden ist. Überwachung und Kontrolle vernichten die Freiheitsperspektiven, die durch die Überwindung des Knappheitsproblems eröffnet worden sind.

Jede jüngere Anknüpfung an utopische Traditionen muß sich mit dieser Utopiekritik auseinandersetzen, und so verwundert es nicht, wenn sich Spuren solcher Auseinandersetzung auch in *Star Trek* finden: Immer wieder muß die Unterbrechung der Kommunikation zum Flottenkommando dafür herhalten, daß sich für die Besatzung der *Enterprise* Entscheidungsspielräume eröffnen, die sonst nicht bestünden. Die innere Kontrolle und Überwachung der Menschen tritt dagegen als Einschränkung und Unterdrückung nicht so hervor wie in den klassischen Sozialutopien, da es sich bei den geschilderten Konstellationen um eine exzeptionelle Unternehmung und nicht um alltägliche Routinesituationen handelt, die sich obendrein in einem militärisch angelegten Rahmen abspielt. Das verleiht Limitierungen von Individualität eine größere Akzeptanz beim Betrachter, als wenn er mit ihr in Alltagssituationen konfrontiert wäre.

Als dritter Strang utopischen Denkens kann die Beschreibung technologischer Innovationen gelten, durch die die menschliche Verfügung über die Natur gesteigert und der ›Stoffwechsel‹ zwischen Mensch und Natur dahingehend verändert wird, daß die Arbeitszeit verringert und die Arbeitswirkung erhöht wird. Im landläufigen Sinn eignet solchen Veränderungen freilich die geringste utopische Qualität, weil wir seit der Industriellen Revolution und den nachfolgenden technologischen Revolutionen Augenzeugen wie Nutznießer einer tatsächlich dramatisch gesteigerten Verfügung des Menschen über die Natur sind.

Die utopische Dimension liegt hier nicht in der technologischen Steigerung menschlicher Verfügung über die Natur selbst, sondern in der Art und Weise, wie die Menschen mit ihrer dramatisch gesteigerten Macht umgehen: Quasiparadiesische Vorstellungen im Sinne einer technologisch hergestellten gesteigerten Freigebigkeit der Natur sind hier ebenso anschließbar (womit sich die dritte mit der ersten der dargestellten Traditionen utopischen Denkens verbindet) wie Schreckensvisionen und Katastrophenszenarien, gleichgültig, ob sie nun aus einer Verselbständigung der Technik oder irrationalem Umgang der Menschen mit ihr erwachsen. Das spezifisch Utopische besteht hier darin, daß sich ›die Menschheit‹ dem technologischen Zuwachs an Verfügungsmacht über die Natur in ihrer Gesamtheit gewachsen zeigt.

Vor allem die Behandlung dieser Frage durchzieht die *Star-*

Trek-Serie wie ein roter Faden, und an ihr läßt sich die Aufnahme utopischer Elemente in die Serie am besten thematisieren.

Die hier vorgenommene Unterscheidung dreier Traditionen utopischen Denkens und die im Titel des Beitrags gewählte Formulierung, die von technischem Fortschritt als Alternative zur Sozialutopie spricht, sind fraglos vereinfachend und pointiert. Es darf nicht übersehen werden, daß in den meisten Sozialutopien auch eine Optimierung der technologischen Herrschaft über die Natur mitgedacht worden ist und daß auch die technische Utopie fast immer Elemente gesellschaftspolitischer Veränderungen enthält, in denen die gesellschaftliche Ordnung den technologischen Erfordernissen angepaßt worden ist. Trotzdem ist die Unterscheidung zwischen technologischer und sozialstruktureller Utopie sinnvoll und für die Utopieforschung von Bedeutung, weil durch sie unterschiedliche Verursachungsverhältnisse bezeichnet werden: Im Falle der Sozialutopie sind es nämlich die Veränderungen in der Organisation der Gesellschaft, die einen anderen, effektiveren Umgang mit der Technik ermöglichen, wohingegen es im Falle der technischen Utopie die Entwicklung von Wissenschaft und Technik ist, die als Ursache oder doch zumindest auslösender Faktor der gesellschaftlichen Veränderungen begriffen wird. Der Unterschied beider Utopietraditionen liegt in der Frage nach dem Hebel der Veränderung: Ist dieser lange Zeit im gesellschaftspolitischen Bereich gesucht worden, so hat in der Geschichte des utopischen Denkens seit dem späten 19. Jahrhundert zunehmend die Vorstellung an Plausibilität gewonnen, von technologischen Innovationen sei eher eine grundlegende Veränderung der Gesellschaft zu erwarten als von dem mit politischen Mitteln verfolgten Projekt der Gesellschaftsveränderung.

Die Unumkehrbarkeit wie die Wünschbarkeit der technologischen Entwicklung ist jedoch in der Geschichte des utopischen Denkens durchaus umstritten gewesen, und sie ist es bis zum heutigen Tage geblieben. Der utopische Dissens über die Wünschbarkeit des technologischen Fortschritts erwächst dabei aus unterschiedlichen Antworten auf die Frage, was das dem Menschen

Zuträgliche sei: die Steigerung seiner Verfügung über die Natur, durch die zwar das Knappheitsproblem gelöst wird, aber alle aus Herrschaft und Verfügungsmacht resultierenden politischen wie gesellschaftlichen Probleme fortbestehen und noch gesteigert werden, oder umgekehrt die Rücknahme menschlicher Verfügung über die Natur, aus der größere Möglichkeiten kreativer Selbstverwirklichung des Menschen erwachsen sollen, was aber beglichen werden muß mit reduzierten Ansprüchen auf die Befriedigung von Luxusbedürfnissen.

Während in den *Star-Trek*-Serien unübersehbar die erste Option verfolgt wird, hat Ernest Callenbach in seiner etwa zeitgleich mit den Anfängen der Serie und ebenfalls in Amerika verfaßten Utopie *Ecotopia*[3] für den entgegengesetzten Weg optiert: Teile Kaliforniens, so wird beschrieben, haben sich vom Rest der USA separiert und eine ökologisch ausgerichtete Gesellschaftsordnung begründet, die um eine entschiedene Absage an die Fortführung des Projekts technologischer Fortschritt zentriert ist.

Beide Antworten sind bestrebt, mit Hilfe bestimmter Narrationen die alternative Option auszuschließen. So war eine Abkehr vom Weg des technologischen Fortschritts, die die Menschheit schließlich in die Weiten des Alls hinausführte, der *Star-Trek*-Erzählung zufolge schon insofern nicht möglich, als die Menschen nicht die einzigen vernunftbegabten und technologiefähigen Lebewesen in den Weiten des Weltraumes sind und ihr freiwilliger Verzicht auf die Entwicklung immer fortgeschrittener Technologien den technologischen Fortschritt im ›Welt‹-Maßstab nicht gestoppt, sondern sie nur unter die Herrschaft anderer Lebewesen gebracht hätte. Sie hätten sich im Verzichtsfall ihrer bloß nicht zu erwehren vermocht, ohne damit grundsätzlich etwas an der Potenzierung technologisch begründeter Naturbeherrschung zu ändern. Die ökologische Ausstiegsoption hieße hier also lediglich, sich anderen Populationen freiwillig zu unterwerfen oder durch sie unterworfen zu werden. Im Falle von *Star Trek* wäre dies die Versklavung durch die Klingonen gewesen, die als machtbesessene, aggressive Sklavenhalter beschrieben werden.

Ein ökonomisch geschulter Gesellschaftstheoretiker würde hier einwenden, daß sich auf dem auch von den Klingonen erreichten Niveau der Produktivkraftentfaltung Sklavenarbeit nicht mehr lohnt, sondern in höchstem Maße unproduktiv ist. Diese Einsicht bietet freilich keinen hinreichenden Schutz davor, in den Weiten des Weltraums Lebewesen zu begegnen, die sich nicht dem Kosten-Nutzen-Kalkül beugen und womöglich aus Unterdrückung und Versklavung psychische Befriedigung beziehen. Demgegenüber würde der Einwand gegen die technologischen Fortschritte der *Star-Trek*-Zivilisation lauten, daß solche Fortschritte auf der Grundlage der ökologischen Ressourcen der Erde gar nicht möglich und daß sie außerdem auch nicht wünschbar seien, weil sie zu einer Verkümmerung des Menschen, einer Beschneidung seiner Kreativität und einer dramatischen Einschränkung seiner Entfaltungsmöglichkeiten führen würden. Und in der Tat – abstrahiert man einmal von den immer neuen Abenteuern, die die Besatzung der U.S.S. *Enterprise* zu bestehen hat, so verläuft deren Leben eher eintönig, und von irgend bemerkenswerten Möglichkeiten der Selbstverwirklichung kann für das Gros der Besatzung, sieht man von den Männern und Frauen auf der Brücke des Schiffs ab, nicht die Rede sein.

Die Frage nach dem ›richtigen‹ Umgang mit dem technologischen Fortschritt bzw. der Nutzung der durch ihn eröffneten Möglichkeiten ist in der utopischen Literatur nicht neu und hat vor allem seit dem Ende des 19. Jahrhunderts verstärkte Aufmerksamkeit gefunden. Als Beispiele lassen sich etwa Edward Bellamys Utopie *Looking Backward*[4] und die in Reaktion darauf verfaßte Schrift *News from Nowhere* von William Morris[5] heranziehen.

Die Rahmenhandlung von Bellamys Utopie ist der 113 Jahre dauernde Schlaf von Mr. West. Er hatte sich am Abend des 30. Mai 1887 schlafengelegt, und da er an Schlaflosigkeit litt, hatte er sich mit Hilfe mesmeristischer Methoden in einen hypnotischen Tiefschlaf versetzen lassen. Da Wests Haus in einem unruhigen Viertel Bostons lag, wo der Verkehr auch nachts nicht zur Ruhe kam, hatte er sich im Keller ein speziell ausgestattetes Schlafzimmer bauen lassen, von dem niemand außer seinem Diener wußte. Just in dieser Nacht nun brannte das Haus ab, der Diener fand bei dem Brand den Tod, und niemand weckte Mr. West aus seinem hypnotischen Schlaf.

Als er schließlich wiedererwacht, schreibt man das Jahr 2000. Die inzwischen entstandenen Verhältnisse bilden den Inhalt von Bellamys Utopie. Die gesellschaftliche Ordnung, die inzwischen entstanden ist, kann als Staatssozialismus bezeichnet werden. Angesichts wachsender sozialer Spannungen, so erfährt West von den Bewohnern des über seinem Keller längst neu errichteten Hauses, eines um sich greifenden Chaos infolge von Streiks, Aussperrungen und schließlich bewaffneten Auseinandersetzungen hatte eine Gruppe vernünftiger, aufgeklärter und tugendhafter Männer die Initiative ergriffen und mit Hilfe des Staatsapparats eine neue Gesellschaftsordnung durchgesetzt.

Der Sozialismus ist also nicht das Ergebnis erfolgreich ausgefochtener Klassenkämpfe, und er ist nicht von den Parteien der Arbeiterbewegung durchgesetzt, sondern von einer Elite eingeführt worden. Die Herstellung allgemeiner Gerechtigkeit und Zufriedenheit dient dazu, eine Revolution zu verhindern. Dies wurde möglich durch die Nationalisierung der Produktionsmittel, die Organisation der ökonomischen Abläufe nach vorgegebenen Plänen und schließlich durch die Abschaffung des Krieges als Mittel der Politik. Parallel hierzu sind auch die innenpolitischen Auseinandersetzungen verschwunden. Dabei trägt die von Bellamy entworfene gesellschaftliche Ordnung durchaus Züge einer inneren Militarisierung der Gesellschaft. In der staatssozialistisch verwalteten Welt ist nämlich das Prinzip der allgemeinen Wehrpflicht auf die Produktion ausgedehnt worden. Alle sind zu einem 24jährigen Arbeitsdienst verpflichtet, bei dem sie drei Jahre zu staatlicherseits angeordneten Arbeiten abkommandiert werden können; die restliche Zeit arbeitet man in jenen Sparten und Tätigkeitsbereichen, für die man geeignet ist. Einziges Steuerungsprinzip ist eine antizyklische Organisation der Arbeitszeit:

Wo viele hinwollen, wird die Arbeitszeit heraufgesetzt; wo wenige hinwollen, wird sie herabgesetzt.

Die Übergänge, die sich zwischen der Jetztzeit der Film- und Fernsehzuschauer und der Zeit des in der Zukunft spielenden Geschehens vollzogen haben, werden in *Star Trek* nur angedeutet und nicht ausführlich berichtet (wozu es – im Unterschied zu Bellamys *Looking Backward* – aufgrund der Gleichzeitigkeit der Protagonisten auch keinen Anlaß gibt). Es ist aber wohl anzunehmen, daß auch bei *Star Trek* die Menschheit nach verheerenden Krisen und Katastrophen – auch hier geleitet von wissenschaftlichen und moralischen Eliten – zu einer neuen Ordnung gefunden hat, bei der Produktion und Distribution offenbar einer zentralen Planung unterstellt wurden und Kriege innerhalb der Menschheit verschwunden sind. Der Krieg hat sich an die Ränder des planetarischen Systems verlagert, und auch dort ist man, wie der Friedensschluß mit den Klingonen im späteren Verlauf der Serienfolgen zeigt, bestrebt, eine dauerhafte Friedensordnung zu errichten. Zwar ist die *Enterprise* bei ihren Expeditionen in unbekannte Räume des Universums bewaffnet und wird verschiedentlich auch in Kampfhandlungen verwickelt, aber in seinem ganzen Aussehen erinnert das Raumschiff, im Unterschied zu den Klingonen-Schiffen, insbesondere denen der Raubvogelklasse, eher an einen Luxus-Liner als an ein Kriegsschiff.

Dies wird noch unterstrichen durch die von der ›Vereinten Föderation der Planeten‹ ausgegebene *oberste Direktive*, eine Verhaltensmaßregel, die besagt, daß bei Kontakt mit fremden Lebewesen und Zivilisationen deren Eigenentwicklung unter keinen Umständen beeinflußt werden dürfe. Es gibt eine Reihe von Episoden, in denen die Besatzung der *Enterprise* in ethische Paradoxien gerät, weil sie diese Direktive prinzipienethisch befolgen muß, wenngleich die Fortexistenz fremder primitiver Kulturen nur durch Kontaktaufnahme und Technologietransfer gesichert werden könnte.

Die ›Schuld‹ des technologischen Fortschritts, die von ökologisch ausgerichteten Utopien gegen technische Utopien geltend gemacht wird, wird hier durch einen quasiasketischen Umgang mit der so verfügbaren Macht und ein striktes Proliferationsverbot für Hochtechnologie beglichen. Das reicht freilich bei weitem nicht heran an die Radikalität, mit der William Morris in seinen *News from Nowhere*, der polemischen Antwort auf Bellamys *Looking Backward*, eine prinzipielle Umkehr perspektiviert und die Industrialisierung in Gänze als verhängnisvolle Fehlentwicklung gefaßt hatte.

Morris zufolge ist das London, in dem sein Protagonist Mr. Gast erwacht, weitgehend deindustrialisiert, und die Produktion findet wieder in handwerklicher Form statt. Parallel zur Deindustrialisierung ist eine Enturbanisierung der Gesellschaft erfolgt, und nicht länger sind die großen Städte die Attraktionen des gesellschaftlichen Lebens. Morris beschreibt in seiner Utopie, wie infolge dieser Rückentwicklung auch das soziale Elend wieder aus London und Umgebung verschwunden ist. Weder Arme noch Elende bevölkern bettelnd oder arbeitssuchend die Straßen, und das Unglück, das es nach wie vor gibt, resultiert aus den normalen Kalamitäten des menschlichen Lebens. Luxuswaren und der Schund, den die Massenproduktion hervorbrachte, sind verschwunden, und statt dessen ist Arbeit in Kunst überführt worden. Die Arbeit als solche bietet wieder Befriedigung, wodurch die Menschen auch nicht länger auf Kompensationen durch immer größeren Güterausstoß angewiesen sind. Callenbachs *Ecotopia* ebenso wie Marcuses Vorstellungen vom libertären Sozialismus folgen den von Morris vorgezeichneten Bahnen.

Auf der Folie der Utopien Bellamys und Morris' ist das Bemerkenswerte an den Zukunftsvorstellungen der *Star-Trek*-Serien, daß in ihnen eine Gleichzeitigkeit von technologischem Fortschritt und moralischer Fortentwicklung der Menschheit angenommen wird, wobei diese Koevolution nicht kontingent, sondern zwingend ist, und zwar insofern, als der moralische Fortschritt als Bedingung des Umgangs mit dem technologischen Fortschritt gefaßt ist.

Die Annahme einer moralischen Fortentwicklung der Menschheit kann als eine Variante der oben skizzierten ersten Tradition des utopischen Denkens, der Vorstellung einer gesteigerten Freigebigkeit der (hier menschlichen) Natur begriffen werden: Störende Naturvoraussetzungen, wie Aggressivität, Habsucht und Herrschgier, Irrationalität und unkontrollierte emotionale Reaktionen, sind schrittweise zum Verschwinden gebracht worden, so daß die natürlichen Voraussetzungen für die Organisation der Gesellschaft und die Handhabung des technologischen Fortschritts deutlich verbessert worden sind. Nicht alle, aber doch einige Einwände, die seitens anderer utopischer Perspektiven gegen die technologische Utopie vorgebracht worden sind, haben sich damit erledigt.

Das Motiv der moralischen Fortentwicklung der Menschheit läßt sich besonders gut in den Auseinandersetzungen mit der Figur des Q beobachten. Q ist ein omnipotentes Wesen aus dem Raum-Zeit-Kontinuum, das die Menschheit, hier symbolisiert durch Captain Picard, ob ihrer vermeintlichen moralischen Primitivität vor Gericht stellen will, um sie nach entsprechender Feststellung des Sachverhalts zu eliminieren. Picard nun kann in mehreren Episoden den moralischen Fortschritt der Menschheit seit dem 20. Jahrhundert nachweisen und dadurch rechtfertigen, daß die Menschen unbedenklich und gefahrlos für andere Lebewesen im All vom technologischen Fortschritt Gebrauch machen dürfen: Ihre moralische Fortentwicklung hat mit dem technologischen Fortschritt durchweg Schritt gehalten.

In *Star Trek* wird also die Gegengeschichte zu dem erzählt, was Günther Anders der Menschheit als Zukunft prognostiziert und wofür er den Begriff des »prometheischen Gefälles« geprägt hat. »Wenn es im Bewußtsein des heutigen Menschen«, schreibt Anders,[6] »etwas gibt, was als absolut und als unendlich gilt, so nicht mehr Gottes Macht, auch nicht die Macht der Natur, von den angeblichen Mächten der Moral und der Kultur ganz zu schweigen. Sondern *unsere* Macht. An die Stelle der Omnipotenz bezeugenden *creatio ex nihilo* ist deren Gegenmacht getreten: die *potestas annihilationis*, die *reductio ad nihil* – und zwar eben als Macht, die in unserer eigenen Hand liegt. Die prometheisch seit langem ersehnte Omnipotenz ist, wenn auch anders als erhofft, wirklich unsere geworden. Da wir die Macht besitzen, einander das Ende zu bereiten, sind wir die *Herren der Apokalypse. Das Unendliche sind wir.*« Daß aus der grandiosen Steigerung der menschlichen Macht zuletzt nichts anderes geworden ist als die Macht der Selbstzerstörung, resultiert für Anders nicht zuletzt aus der Kluft zwischen technologischer Potenz und moralischem Selbstbändigungspotential, und diese Kluft ist, wie Anders meint, inzwischen so groß geworden, daß beide Vermögen einander »aus den Augen verloren« haben. Für Anders jedenfalls ist die Kluft unschließbar, und deswegen ist die Menschheit spätestens mit der Zündung der ersten Atombombe in ihre Endzeit eingetreten, von der eines sicher ist: daß die Menschheit in ihr das Ende finden wird. Unklar ist *wann*, sicher ist *daß*.

Was dagegen in den Folgen von *Star Trek* vorgeführt wird, ist segensreiche Nutzung des technologischen Fortschritts, die möglich geworden ist, weil die Menschheit durch eine entsprechende moralische Fortentwicklung das von Anders diagnostizierte »prometheische Gefälle« bewältigt und wieder ins Lot gebracht hat.

Man kann diese Narration für naiv halten und in ihr eine weitere Gestalt des ruchlosen Optimismus der Menschheit sehen, aber man wird nicht umhinkommen zuzugeben, daß sie neben den Ausstiegs- und Umkehrszenarien der ökologischen Utopien eine konsequente Antwort auf die von Anders prognostizierte notwendige Selbstvernichtung der Menschheit infolge ihres »prometheischen Gefälles« ist.

Nun ist die moralische Fortentwicklung, von der in *Star Trek* berichtet wird, freilich keine, die sich bei allen Akteuren in gleicher Intensität vollzogen hat. Da steht in der ersten Serienfolge *The Original Series* dem Vulkanier Spock – reine Rationalität ohne jede störende emotionale Beimischung – »Pille« McCoy gegenüber, der sehr viel emotionaler reagiert als Spock, so daß ihre Konflikte immer wieder aufs neue von Captain Kirk austariert werden müssen. Oder wir treffen in der mittleren Serie *The Next Generation* auf den neuen Sicherheitschef Worf, einen Klingonen, dessen Volk in der ersten Serie gegen die ›Vereinte Föderation der Planeten‹ noch Krieg geführt hat, und der auch jetzt noch einen größeren Anteil von Emotionalität und Aggressivität aufweist als etwa der neue Raumschiffkommandant Captain Picard, der oftmals eher einem Philosophen gleicht als dem Kommandanten eines bewaffneten Raumschiffs in riskanter Mission. Hinzugenommen werden kann auch noch der Androide Data, der sich nichts sehnlicher wünscht, als ein Mensch zu sein – und das heißt für ihn vor allem: Emotionen zu haben. Daß er diese nicht hat, ist aber gerade die Voraussetzung dafür, daß er die gute Seite der technischen Perfektion zu repräsentieren vermag. Datas baugleicher »Bruder« hat nämlich ein anderes Programm, das Emotionen enthält, und dadurch ist er unberechenbar, falsch und bösartig. Das Defizitempfinden Datas zeigt aber auch, daß die Beherrschung des technologischen Fortschritts ohne Verzicht und Entsagung nicht auskommt.

Stefan Berreth/Christopher Witte
Kollektiv der Feindbilder

Die Borg als ultimative Herausforderung

Ihre ultimative Herausforderung findet die Menschheit des 24. Jahrhunderts in der Begegnung mit einem utopischen Gemeinwesen aus einem bislang unerforschten Teil der Galaxis, dem Deltaquadranten (siehe Karte auf Seite 19). Hier leben die Borg – humanoide Einzelwesen, deren körperliche und geistige Fähigkeiten durch technische Implantate enorm verbessert wurden.[1] Die zerstörerische Macht dieser Lebensform besteht allerdings nicht in dem, was sie haben, sondern in dem, was sie nicht haben: Individualität. Genauso, wie eine einzelne Neurone unseres Gehirns kein eigenes Bewußtsein hat, besitzt auch ein einzelnes Borgwesen keine Vorstellung vom Ich. Das *Ich* der Borg ist das *Wir*. Sie sind das perfekte Kollektiv.

Die Borg sind ebenso aggressiv wie unüberwindbar. So bedeutet etwa der Tod eines Einzelwesens im Kollektiv lediglich Desintegration im Sinne von Entsorgung und Recycling der im Kampf funktionsuntüchtig gemachten Körper. Leben aber bedeutet die totale Kommunikation: Über sogenannte »Subraumfelder« und mittels technischer Bioimplantate stehen die Einzelwesen in ständigem Kontakt miteinander, und jeder Teil des Kollektivs erfährt unmittelbar, was alle anderen Teile erfahren. Dieser ständige Austausch, der Chor aller Stimmen, erzeugt das kollektive Bewußtsein der Borg.

Das Borgkollektiv betrachtet andere Spezies, die aus einer Gesellschaft vieler individueller Persönlichkeiten bestehen, als minderwertige Lebensformen. Begegnen die Borg einer solchen Lebensform im Weltraum, bekommt diese üblicherweise das

»Angebot«, sich in das Kollektiv vereinnahmen oder aber zerstören zu lassen. Kapitulation oder Vernichtung und keine Kompromisse – selbst diese von den Borg in Aussicht gestellte Alternative stellt sich als trügerisch dar, da sie in letzter Konsequenz immer nur auf das eine hinausläuft: die Zerstörung des Vereinnahmten. »Assimilation«, so nennen die Borg ihr Programm, ist für sie zugleich der nächstliegende Weg zum Lernen.

Die Borg sind der Föderation technologisch weit voraus. So besitzen die Raumschiffe der Borg einen Antrieb, der weitaus höhere Geschwindigkeiten zuläßt als die mit der Warpdrive-Technologie ausgestatteten Raumschiffe der Föderation. Das ist auch verständlich, wenn man bedenkt, daß technologische Weiterentwicklung auf der Grundlage von Wissenszuwachs der Gemeinschaft geschieht, der durch den kollektiven Charakter des Bewußtseins der Borg als rasant zu bezeichnen ist: Jeder Lernschritt braucht nur einmal von jeweils einem Teil des Kollektivs gemacht zu werden. Der Wissens- und Erfahrungszuwachs des einzelnen ist immer schon das »Allgemeinwissen«. Und darüber hinaus kann das kollektiv verfügbare Wissen sofort (und zum Leidwesen aller Gegner der Borg) in effektive Selbstschutzprogramme umgesetzt werden. Keine zwei Borgwesen werden auf den gleichen Trick oder die gleiche Taktik des Gegners hereinfallen.

Äußerlich erkennt man ein Borgwesen an seinen humanoiden Zügen, die bei farbloser Haut und regungsloser Miene mit unzähligen technischen Modulen und Schläuchen verziert sind. Diese wie futuristische Jugendstilornamente wirkenden, technischen Bioimplantate leisten die besagte kämpferische, geistige und kommunikative Verbesserung des Einzelwesens. Das Schiff, mit dem die Borg durch die Galaxis »reisen«, wirkt wie ein riesiger, grauer, würfelförmiger Ameisenhaufen. Will man genau sein, kann man die Borg jedoch nicht als *Reisende* auf ihrem Raumschiff betrachten, vielmehr bilden sie über die technische Vernetzung untereinander und mit ihrem Schiff eine organische Einheit mit diesem. So sieht man auch bis zum Ende der Episode *The*

Best of Both Worlds (Part I) stets das gesamte Borgschiff mit der *Enterprise* sprechen und nie ein einzelnes Borgwesen. Das Borgschiff – oder Borg – hat zudem die Eigenschaft, sich bei Beschädigungen selbständig zu regenerieren, ganz so, wie man es von einem beschädigten Organismus kennt, der aus vielen einzelnen, komplex organisierten Zellen besteht.

Bei allen Unterschieden zwischen dem Individuum Mensch und dem Kollektiv Borg verbindet sie das Prinzip der Evolution: Auch die menschliche Lebensform bezieht ihre Überlegenheit gegenüber anderen Arten aus einem evolutionären »Ereignis«: Vor Milliarden Jahren haben sich Einzeller zu Mehrzellern organisiert, in denen die einzelne Zelle natürlich in ihrer »individuellen Freiheit« eingeschränkt wurde, die sich als organisches Ganzes aber als weitaus überlebensfähiger erwiesen. Die Überlebensfähigkeit stieg mit der Komplexität der Organisation der ehemaligen Einzeller, und das macht es aus, daß zum Ende des 20. Jahrhunderts der Mensch und nicht die Pantoffeltierchen die Reise zum Mond unternommen haben.

Jede Kollektivierung bringt eine gewisse »Nachlässigkeit« gegenüber den Rechten des Einzelwesens mit sich. Wer von uns kümmert sich schon ernsthaft um die »individuellen Rechte« der Zellen seiner Hautfetzen, die sich abpellen, nachdem man sich an einem Bügeleisen die Finger verbrannt hat? Die Gleichgültigkeit gegenüber dem Verlust einzelner Zellen bei dem Menschen ist durchaus vergleichbar mit der Ungerührtheit der Borg gegenüber dem Verlust einzelner Wesen ihres Kollektivs.

Zur ersten Begegnung zwischen Mensch und Borg kommt es in der Folge *Q, Who?*. Das eigentümliche »Kontinuumswesen« Q, immer darauf bedacht, der Menschheit und im besonderen Kapitän Jean-Luc Picard eine Lektion zu erteilen, katapultiert die Crew der *Next Generation* samt Enterprise per Fingerschnips mitten in den Deltaquadranten. Dort begegnen sie, wie von Q beabsichtigt, einem Borgschiff. Q inszeniert diese Begegnung, um den Menschen vor Augen zu führen, daß sie »noch nicht reif sind für das, was sie erwartet«. Kurz bevor die ebenso unkommunikativ

wie unbesiegbar scheinenden Borg die Enterprise zerstören können, tritt Q erneut auf den Plan und schnipst die verstörte Mannschaft und ihr Schiff wieder zurück in das Gebiet der Föderation.

Nachdem die Borg bei der Begegnung die gesamten Datenbe-
stände aus den Bordcomputern der *Enterprise* kopiert haben, regt
sich ihr Interesse, diese Spezies – die Menschheit – zu assimilieren. Ein Jahr später wird die *Enterprise* zu einer Siedlerkolonie
gerufen, deren Kommunikationsverbindung zur Föderation kurze
Zeit zuvor abgebrochen ist. Die Besatzung der *Enterprise* findet
den Planeten verwüstet, sämtliche Städte der Kolonisten sind
dem Erdboden gleichgemacht. Erneut treffen sie auf die Borg, die
sogleich Picard entführen. Diesem wird erklärt, daß die Menschheit von der Borgkultur assimiliert werden solle – sowohl biolo-
gisch als auch technologisch. Picards Einwand, daß die Kultur
der Menschheit auf Selbstbestimmung und Freiheit basiere, stößt
bei den Borg auf taube Ohren: »Freiheit und Selbstbestimmung
sind irrelevant. Ihr müßt euch fügen!« – »Lieber sterben die Menschen«, entgegnet Picard und muß erfahren: »Tod ist irrelevant«
(*The Best of Both Worlds [Part I]*).

Picard soll als Stimme der Borg eingesetzt werden, um die As-
similierung der Menschheit zu vereinfachen. (Das »Wozu?«
bleibt dabei etwas im dunkeln. Angenommen, durch die Integration Picards in das Borgkollektiv würden seine Kenntnisse über
menschliche Verhandlungsweisen, Reaktionen, diplomatische
Strategien und die Eigenarten der großen Verhandlungsführer der
Föderation in den Erfahrungsschatz der Borg übergehen – all das
hätten sie auch herausfinden können, wenn sie sich einige Tage
lang Subraum-TV angeschaut hätten. Freilich wäre dann dem Publikum eine der spannendsten »Cliffhanger-Stories« vorenthalten
geblieben, die die *Star-Trek*-Produktion bislang zu bieten hatte.)

Einige Tage später ist Picard – *das* Flaggschiff der Humanisten-
flotte – von den Borg mittels biotechnischer Implantate zu einem
der Ihren gemacht worden. Er heißt bei ihnen Locutus von Borg
und ist nun selbst derjenige, der seiner eigenen Besatzung mit-
teilt: »Widerstand ist zwecklos. Euer Leben, wie ihr es bis hierher

kanntet, ist vorüber. Von jetzt an werdet ihr uns dienen.« Interessant ist der Name, den die Borg ihrer »Stimme« geben: »Locutus« heißt im Lateinischen »der Sprecher«, außerdem ist es ein Wortspiel mit dem englischen Wort »locust«, der Heuschrecke, die in Schwärmen ganze Landstriche verwüstet.

Das Borgschiff nimmt Kurs auf die Erde und zerlegt auf dem Weg dorthin nach allen Regeln der galaktischen Kriegskunst eine Armada von 40 Föderationsschiffen, die zur Verteidigung der Erde beim Planeten Wolf 359 zusammengezogen worden waren. Das Ergebnis: 11 000 Tote auf Seiten der Föderation. Im folgenden gelingt es einem Team der *Enterprise*, Locutus von Borg alias Jean-Luc Picard vom Borgschiff zu befreien und ihn zur *Enterprise* zurückzubeamen. Über die technischen Implantate, durch die sich Locutus noch im Kommunikationsverbund mit den Borg befindet, gelingt es Data, den Borg ein Kommando zur Regeneration einzugeben – ein Zustand, den diese Spezies offensichtlich dann und wann einnimmt, um wieder fit zu werden: Die Borg schlafen ein. Als die Borg entdecken, daß dieses Schlafkommando nicht von ihnen selber, sondern von außen kam, halten sie es für eine Fehlfunktion innerhalb ihrer Vernetzung und zerstören sich freundlicherweise selbst.

In einer späteren Folge (*I, Borg*) findet die *Enterprise* einen »Überlebenden« des Borgkollektivs auf. Er ist Teil der Besatzung eines kleinen Erkundungsschiffes, das auf einem unbewohnten Mond abgestürzt ist. Entgegen dem Willen Captain Picards nimmt die Bordärztin Beverly Crusher den Überlebenden an Bord der *Enterprise* – aus humanitären Gründen. Durch ein »Subraumdämpfungsfeld« an Bord der *Enterprise* von der Kommunikation mit dem Kollektiv abgeschnitten, entwickelt das gefangene Borgwesen ein Gefühl von Einsamkeit und beginnt zu erfahren, was Individualität und Selbstbewußtsein bedeutet. Picard will diese einmalige Gelegenheit nutzen, um eine Art Computervirus in das System des gefundenen Borg zu infiltrieren, welches nach dessen Rückkehr in das Kollektiv nach und nach die gesamte Borgspezies infizieren würde, um sie dadurch letztendlich alle zu zerstören. Bei diesem Virus handelt es sich um ein unlösbares geometrisches Problem, das sich algorithmisch, also von einer Maschine, nicht lösen läßt, weil eine Maschine die Unlösbarkeit eines solchen Problems grundsätzlich nicht erkennen könnte. Die Borg würden sich an einer solchen Aufgabe sozusagen totrechnen. Ein Mensch mit seinem Bewußtsein und seiner direkten Einsichtsfähigkeit würde ein solches Problem dagegen als unlösbar erkennen und wäre somit in der Lage, sich dafür zu entscheiden, die Suche nach einer Lösung gar nicht erst aufzunehmen. Der Plan zeigt: Das überlegene Kollektiv ist nur als Maschine und damit als ›unmenschlich‹ vorstellbar. Die ultimative Herausforderung des humanistischen Selbstverständnisses der *Enterprise* durch die Borg scheint nur über die Dehumanisierung des Gegners erfolgreich abgewendet werden zu können. Die Situation wirkt wie ein Spiegel wohlbekannter Feindbilder: Japan oder China mit ihrem weit weniger individualistisch geprägten Selbstverständnis fallen in die gleiche unwürdige Kategorie wie die Borg, und mehr noch gilt dies für fanatische, islamistische Gruppen, in denen der einzelne im Dienste der Weltrevolution zur Einheit von Kirche und Staat sich selbst bei Selbstmordkommandos in die Luft sprengt.

Die Veränderungen, die das gestrandete Borgwesen, das mittlerweile den Namen »Hugh« erhalten hat, im Laufe der Folge durchlebt, haben es jedoch von einem Teil des Kollektivs zu einer individuellen, selbstbewußten Persönlichkeit werden lassen. Als der Kapitän dies nach anfänglichem Widerstreben anerkennen muß, treibt ihn diese Erkenntnis in enorme Gewissenskonflikte. Soll er ein Wesen, das auf der Enterprise erstmals solche Erfahrungen wie Individualität, Selbstbewußtsein und sogar Freundschaft gemacht und schätzen gelernt hat, dazu mißbrauchen, mittels eines eingeschleppten Computervirus seine eigene gesamte Spezies umzubringen? Der Humanist Picard entscheidet sich in Anbetracht der neuen Situation gegen diesen Schritt.

Den Borg wird hier mangelndes Bewußtsein für die eigentlich wichtigen und letztendlich wesentlichen gesellschaftlichen Zusammenhänge unterstellt. Die Unterordnung des Einzelwesens in das Borgkollektiv erscheint als Selbstaufgabe, das Bild einer vormals evolutionär höher entwickelten Spezies verwandelt sich hier in sein Gegenteil. Aber vielleicht kann den »vernebelten« Borg doch noch der Weg ins humanistisch-individualistische Heil gewiesen werden? Wo Glaube ist, ist auch Hoffnung. Und in der Hoffnung, Hugh werde seine individualistischen Wandlungen bei seiner Reintegration auf sein Kollektiv übertragen, wird er zurück an die Absturzstelle seines Raumschiffs gebracht, wo er kurze Zeit später von einer Delegation des Borgkollektivs eingesammelt wird.

Bei ihrer nächsten Begegnung mit den Borg (*Descent, Part 1 + 2*), stellt die Besatzung fest, daß diese sich tatsächlich in ihrem Verhalten geändert haben. Die Borg scheinen zwar weiterhin sehr effektiv miteinander zu kommunizieren und daraus Vorteile beim Koordinieren ihres Handelns zu ziehen, verhalten sich aber insgesamt individueller und weniger als ein in der Gesamtheit agierendes und fühlendes Wesen. Es stellt sich heraus, daß sie nicht mehr den Drang haben, andere Rassen zu assimilieren: »Minderwertige Lebensformen werden von uns nicht assimiliert – sie werden vernichtet!«

Geleitet werden die Borg von »Dem Einen«. Es ist der Androide Lore, der ›Bruder‹ von Data. Im Gegensatz zu diesem verfügt Lore über einen Emotionschip, der ihn, ganz im Kontrast zum emotionsfreien Data, herrschsüchtig macht, egoistisch, durchtrieben und mies. Lore hat die Borg, deren Zusammenhang nach der Rückkehr des individualisierten Hugh zerfallen war, aus der chaotischen Orientierungslosigkeit in ein neues, faschistoides System geführt. Zur weiteren Verbesserung der einzelnen Fähigkeiten der Borg, die sie endgültig zu einer Herrenrasse machen sollen, führt Lore an ihnen Experimente durch; nicht selten sind Tod und Verstümmelung die Folgen.

In ihrer »postkollektivistischen« Zeit müssen die Borg ein weiteres Mal als Feindbild der Menschheit herhalten: Die machtbesessene, selbstsüchtige Führergestalt, die pseudoarchaische Architektur und die Fahnen am Versammlungspalast bis hin zu den ›medizinischen‹ Versuchen, die an die Verbrechen des KZ-Arztes Mengele gemahnen – der Faschismus ist in diesem Bild unübersehbar. Die Borg seien eine Herrenrasse, so Lore in einer Ansprache, deren Herrschaft über die anderen Rassen des Universums durch einen Vernichtungskrieg gegen minderwertige Lebensformen und die Integration wertvoller Lebensformen erreicht werden müsse. Als weitere Parallele drängt sich auf, daß Guinans Volk von den Borg vor geraumer Zeit so gut wie ausgerottet wurde und sie deshalb die größten Vorbehalte gegen eine Begegnung mit dem Einzelborg Hugh hat (Folge *I, Borg*). Guinan wird von der schwarzen jüdischen Schauspielerin Whoopie Goldberg verkörpert.

In *Star Trek* kommt der ganze Spuk zu einem Ende, als eine Gruppe um Hugh, der seinerzeit auf der *Enterprise* als erster den Schritt in die individuelle Eigenständigkeit erfahren durfte, gegen das diktatorische Regime von Lore revoltiert. Lore wird gestürzt, und die neue Gesellschaft um Hugh verspricht, eine zivilisierte, friedfertige Kultur aufzubauen.

Alles wird letztlich gut – mit Hilfe des richtigen Waffen- und Wertesystems. »Die Menschheit wird letztendlich siegen«, sagt Guinan, »selbst wenn es ein Jahrtausend dauert.«

Karlheinz Steinmüller
Beinahe eine sozialistische Utopie

USS *Enterprise*: Heimathafen DDR?

Parallelen

Im Orbit um den Planeten Omega IV trifft die *Enterprise* auf ein
Schiff der Sternenflotte, dessen Besatzung umgekommen ist. Lediglich Captain Tracey hat sich auf den Planeten retten können.
Als sich Kirk, Spock und McCoy hinabbeamen, stoßen sie auf
zwei feindliche Stämme, die »asiatisch« gezeichneten Khoms,
die in einem Dorf leben, und die Yangs, die wie wilde Tiere in
den Hügeln hausen. Tracey nimmt bei den Khoms eine hohe Position ein, da er diesen Stamm entgegen der Hauptdirektive der
Sternenflotte mit Phasern versorgt hat. Kirk mißbilligt das Vorge-
hen Traceys und wird zu einem Yang-Pärchen ins Gefängnis geworfen. Die beiden Yangs sind nahezu kommunikationsunfähig,
reagieren aber auf das Wort »Freiheit«. Sie fliehen, es kommt zu
den unvermeidlichen Verwicklungen, die Yangs erobern das Dorf,
und schließlich dämmert Kirk, daß der Kampf auf Omega IV
einem irdischen Modell folgt. Allerdings haben die »Asiaten«
hier vor langer Zeit die Vormachtstellung errungen, den Yangs
das Land geraubt und diese zu einem Leben in der Wildnis gezwungen. Kirk decodiert Roddenberrys Modell: Yangs – Yanks –
Yankees. Khoms – Kommunisten. Worauf Spock, logisch wie immer, konstatiert: »The parallel is almost too close, Captain.« Die
Episode *Das Jahr des Roten Vogels* schließt damit, daß Kirk in den
Heiligen Worten der Yangs die verstümmelte Präambel der amerikanischen Verfassung erkennt und vor wehender Flagge Yangs
und Khoms auf Frieden verpflichtet.

Neben den offensichtlichen Parallelen zwischen dem 23. Jahrhundert der *Enterprise* und der politischen Realität im Amerika der sechziger Jahre existieren weniger offensichtliche Ähnlichkeiten. Ein Großteil von *Star Trek – The Original Series* hätte auch von osteuropäischen Autoren »utopischer Literatur« verfaßt worden sein können. Es ist schon faszinierend: Lediglich einige wenige Umpolungen – sozusagen eine Vertauschung von Yangs und Khoms – sind nötig, um das Bild von dem einen politischen Referenzsystem in das andere zu transponieren. Die Grundstrukturen des Menschen- und Geschichtsbildes von *Star Trek* und früher DDR-Science-fiction gleichen sich in entscheidenden Punkten; Gene Roddenberry und seine Drehbuchautoren waren in vielem denselben Idealen wie die Autoren osteuropäischer Science-fiction verpflichtet. So trägt *Star Trek – The Original Series* bestimmte Züge einer »sozialistischen Utopie«, also dessen, was in der utopischen Literatur der realsozialistischen Staaten in den fünfziger, sechziger, siebziger Jahren gängig war. Im folgenden sollen einige dieser Parallelen durch Vergleiche von *Star Trek* mit der frühen DDR-Science-fiction nachgezeichnet werden.

Das Raumschiff als Insel Utopia

Raumschiffe sind Modellwelten. In ihrem begrenzten Raum, der von seiner Umwelt so isoliert ist wie die Insel Utopia, spiegeln sich Wirklichkeit und Ideal, ob der Autor dies nun beabsichtigt oder nicht. Allein schon die kosmische Isolation bringt die Raumschiffwelt in die Nähe idealer Gesellschaftsentwürfe. So folgt das Leben an Bord der *Enterprise* offensichtlich dem, was im Marxismus-Leninismus als »Bedürfnisprinzip« für die kommunistische Zukunft prophezeit worden war: »Jeder nach seinen Fähigkeiten, jedem nach seinen Bedürfnissen.« Das heißt: Jeder leistet auf seinem Platz, was er vermag, für die Gemeinschaft, und jeder erhält von dieser, wessen er bedarf. Die Nahrung kommt aus dem Automaten (ohne Münzeinwurf oder Geldkartenabbuchung), wer erkrankt, wird medizinisch versorgt (ohne Frage nach der Versicherung), und in großen Raumschiffen wie der *Enterprise*, die mit einigen hundert Mann (und Frau) Besatzung jahrelang unterwegs sind, ist selbstredend auch der Kindergartenplatz garantiert. Die *Enterprise* – ein Mikro-Utopia! DDR-Autoren wie Eberhard del' Antonio (*Titanus*, 1959) nutzten bisweilen die kommerzfreie Überflußgesellschaft eines Raumschiffs, um das parteioffiziell propagierte Ideal plastisch auszumalen: »Bitte, wenn du zehn Paar Schuhe möchtest, kosten dich diese keinen Pfennig. Aber wozu willst du dich mit so viel Schuhen belasten?«

Nun sind freilich im Fall der *Enterprise* diese »mikro-utopischen« Momente nicht einem sozialistisch-utopischen Anspruch geschuldet. Roddenberry folgte einfach dem Vorbild des (See-) Schiffes auf hoher Fahrt, dessen Mannschaft notgedrungen eine mehr oder weniger verschworene Gemeinschaft bildet und natürlich keiner wirtschaftlichen Tätigkeit im engeren Sinne nachgeht, außer der, das Schiff auf Kurs zu halten.[1] Der Erfolg der Serie vor allem bei jugendlichen Zuschauern erklärt sich jedoch zumindest teilweise aus diesen »mikro-utopischen« Momenten, aus der idealen Gemeinschaft an Bord, in der jeder für jeden einsteht, jeder gebraucht wird, in der Kooperation, nicht Konkurrenz das Funktionsprinzip ist. »Beam me up, Scotty« in die Geborgenheit des Schiffs.

Das sozialistische Kollektiv der *Enterprise*

Die Erde und selbst die *United Federation of Planets* liegen Lichtjahre entfernt, und Roddenberry und seine Drehbuchautoren verzichteten aus guten Gründen auf konkrete Informationen über die sozialen und politischen Verhältnisse des 23. Jahrhunderts. Was der Zuschauer über die Gesellschaft jener fernen Zukunft erfährt, erschließt sich ihm aus dem Geschehen auf der Brücke der *Enterprise*, aus dem Verhalten der Protagonisten. Kirk, Spock, McCoy, Uhura, Scott, Sulu, Chekov und die anderen stehen daher für das Ganze, und schon die Zusammensetzung der Brückencrew ist bezeichnend. Im Prinzip läßt sich auf sie übertragen, was der DDR-Science-fiction-Autor Günther Krupkat in einem Interview zur »offiziellen« Philosophie der Mannschaftsauswahl sagte: »In dem Raumschiff, da mußte ein Afrikaner drin sein, da mußte ein Inder drin sein, ein Engländer und ein Amerikaner, der Kommandant war natürlich ein Sowjetbürger.«[2]

In Romanen wie *Titanus* von del' Antonio (1959), *Kurs Ganymed* von Horst Müller (1962), *Die andere Welt* von Herbert Ziergiebel (1966) oder *Das Rätsel des Silbermondes* von Hubert Horstmann (1971) wurden die Crews nach dieser Richtlinie zusammengestellt. Jedes Besatzungsmitglied hatte dabei eine ideologische Rolle zu erfüllen: Afrikaner und Inder verkörperten die vom kolonialen Joch befreiten afrikanischen und asiatischen Völker, Engländer oder Amerikaner deuteten entweder die friedliche Koexistenz mit dem Systemgegner an oder wiesen auf den Sieg des Sozialismus auch in diesen Ländern hin.[3] Zumeist war an Bord auch Platz für einen DDR-Bürger: als Chefingenieur.

Wie bei den DDR-Raumschiffen bildet die Besatzung der *Enterprise* zwar ein multinationales Team, doch kein multikulturelles, denn auch hier sind die kulturspezifischen Unterschiede bis aufs Folkloristische – schottischer Akzent, Vorlieben für bestimmte Sportarten – abgeschwächt, lediglich dem (Halb-)Vulkanier Spock wird eine eigenständige Vernunftphilosophie und ein abweichender Umgang mit Gefühlen zugestanden. In der Zukunft der utopischen Literatur wie im 23. Jahrhundert Roddenberrys sind die Völker der Erde (und offensichtlich auch der föderierten Planeten) zusammengewachsen, haben sie Kriege, Rassismus und Kolonialismus überwunden und sind dabei den wissenschaftlich-technisch führenden Nationen immer ähnlicher geworden. Fortschritt ebnet ein. Wenn man genau hinschaut, bleibt allerdings mehr als nur ein Stückchen kultureller Hegemonialismus übrig: Ob das Raumschiff nun *Enterprise* oder *Ziolkowski* heißt, kommandiert wird es allemal von einer willensstarken Persönlichkeit, die der Führungsnation entstammt.

Während DDR-Autoren mit ihren vielfarbigen Crews schlicht

der herrschenden Fortschritts- und Völkerverständigungsideologie entsprachen, wagte sich Roddenberry in Neuland vor. Zwar trat Lt. Uhura (»Freiheit«) nur in der bescheidenen Rolle des Kommunikationsoffiziers auf und hatte kaum mehr zu sagen als »Die Grußfrequenzen sind offen, Sir«, doch war sie die erste Farbige im amerikanischen Medien-Weltraum. Dies wurde, wie Martin Luther King der Schauspielerin Nichelle Nichols erklärte, von der Bürgerrechtsbewegung als Durchbruch begriffen. Einer der wenigen direkt zensierenden Eingriffe der TV-Network-Gewaltigen traf denn auch gerade jene berühmte Szene in der Episode *Platos Stiefkinder*, in der Kirk – gezwungenermaßen! – Uhura küßt. Trotz aller Inkonsequenz veranlaßte dieser erste Kuß zwischen einem Weißen und einer Farbigen in der amerikanischen TV-Geschichte Sender in den Südstaaten, die Episode zu boykottieren.

Vielleicht bürdete Roddenberry der Figur von Lt. Uhura auch zuviel auf. Nach dem ebenfalls durch die Fernsehgewaltigen erzwungenen Wegfall von *Number One*, dem emotionslosen, weiblichen ersten Offizier des ersten Pilotfilms, hatte Uhura neben der Gleichberechtigung der Rassen auch die der Geschlechter auf der Brücke der *Enterprise* zu verkörpern. Bezeichnenderweise wird der Arzt McCoy von weiblichem Personal – Schwester Chapel – unterstützt, so wie auch in den Raumschiffen der DDR-Sciencefiction nur allzuoft das weibliche Geschlecht entweder völlig ausgeschlossen oder in den klischeehaften Frauenberuf der Ärztin oder Biologin abgedrängt wird. Proklamierte Gleichberechtigung bei faktischer Ungleichheit, Spiegelung der Realität statt konsequent umgesetzter Utopie der Gleichberechtigung – die Muster in Ost und West entsprachen einander. Im Serienabschnitt *Star Trek – The Next Generation* hat sich daran im Grunde nichts geändert, die »klassische« Rollenverteilung bleibt gewahrt: Frauen sind zuständig für Seelisches (Counciller Deanna Troi) und für das leibliche Wohl (die Ärztin Beverley Crusher), den Kurs aber bestimmen die Herren. Erst in *Star Trek – Voyager* hat eine Frau das Kommando inne.

Hauptdirektive kontra
interplanetarische Revolution

Die *Enterprise* soll »neue Welten erforschen, neues Leben und neue Zivilisationen«, heißt es im Vorspann jeder Episode. Dem traditionellen Wissenschaftsverständnis gemäß haben Forscher kühl zu beobachten und zu analysieren, dabei jedoch Abstand zu wahren. Die Sternenflotte hat diese Maxime in ihrer Hauptdirektive (*Prime Directive*) niedergelegt: »Jede Spezies hat das Recht, ihre eigene kulturelle Evolution durchzumachen. Die Sternenflotte darf keine noch unterentwickelte Welt mit moderner Technik oder höherem Wissen in Kontakt bringen – es sei denn, um frühere Verletzungen dieses Gebots zu korrigieren.«[4] Die Weitergabe von Wissen und Technik, so die Begründung, habe in der Vergangenheit regelmäßig zu einem verheerenden Kulturschock geführt.

Die Hauptdirektive entspricht dem diplomatischen Prinzip der Nichteinmischung in die »inneren Angelegenheiten« – und Captain Kirk verstößt dagegen fast ebensooft wie die CIA. Mit den besten Absichten selbstverständlich, und stets ohne negative Folgen.

Am ehesten ist eine Einflußnahme zu rechtfertigen, wenn sich vorher eine dritte Seite eingemischt hat. So haben in der Episode *Der erste Krieg* die Klingonen die »Hügelbewohner« des Planeten Neural (was »neutral« assoziiert) mit fortgeschrittenen Waffen ausgerüstet. Kirk versucht, den unterlegenen pazifistischen Stamm zu aktivem Widerstand zu bewegen, was erst gelingt, als die Frau des Häuptlings getötet wird. Kirk verletzt zwar die Hauptdirektive und kann den abzusehenden Krieg nicht verhindern; er hat aber wenigstens das Kräftegleichgewicht wiederhergestellt – das wohl gängigste Muster zur Rechtfertigung von Waffenexporten und verdeckten Aktionen. In ähnlicher Weise erfolgt in der Episode *Epigonen* eine nachträgliche Korrektur. Hier ist eine Zivilisation durch Kontakt mit Versatzstücken der irdischen Kultur auf einen gefährlichen Kurs gebracht worden: Die leicht beeinflußbaren Planetenbewohner äffen das Chicagoer Gangster-leben der zwanziger und dreißiger Jahre nach. Auch der Eingriff in der eingangs erwähnten Episode *Das Jahr des Roten Vogels* folgt partiell dem Schema der nachträglichen Korrektur.

Wie die Besatzung der *Enterprise* trafen die Kosmonauten der DDR-Science-fiction immer wieder auf fremde Zivilisationen. Typischerweise werden in Romanen wie del' Antonios *Titanus* (1959), Richard Groß' *Der Mann aus dem anderen Jahrtausend* (1961) oder Lothar Weises *Das Geheimnis des Transpluto* (1962) die irdischen (kommunistischen) Raumfahrer angesichts der Ver-hältnisse auf dem Zielplaneten in mittelschwere Gewissenskon-flikte gestürzt, müssen sie doch mit ansehen, wie die Mehrheit der Planetenbewohner von einer rabiaten Minderheit ausgebeutet und versklavt wird. Alle Klischeevorstellungen vom Kapitalis-mus werden dabei genüßlich bedient, sexuelle Ausschweifungen inbegriffen.

Einerseits verbieten ihre hohen ethischen Prinzipien und eine gewaltfreie Grundhaltung den Kosmonauten jegliches Eingreifen – aber machen sie sich andererseits als unbeteiligte Zuschauer nicht mitschuldig? Wie in *Star Trek* auch werden solche Konflikte in der Regel nicht ausgeführt, Verwicklungen nehmen den Helden die Entscheidung ab; sie werden nolens volens in die Kämpfe hin-eingezogen und verhelfen im günstigsten Fall den Revolutionären zum Sieg.[5] Das Thema der »interplanetarischen Revolution« geht, nebenbei bemerkt, auf Alexej Tolstois *Aëlita* (1922) zurück und wurde von den Autoren den jeweiligen politischen Gegebenheiten angepaßt. Eine immer wieder gefährdete friedliche Koexistenz, wie sie Roddenberry für die Föderation und das klingonische bzw. das romulanische Reich vorsah, war dagegen im östlichen Kosmos nie nötig. Da in der utopischen Literatur – im Gegensatz zur west-lichen Science-fiction, einschließlich *Star Trek!* – wissenschaft-lich-technischer und gesellschaftlicher Fortschritt im Prinzip Hand in Hand gehen, hat eine Zivilisation, die zur Raumfahrt fähig ist, auch Kapitalismus, Imperialismus, Militarismus und, wie der DDR-Autor Carlos Rasch schrieb, die »gefährlichste Klippe«, die

»atomare Barbarei« (*Der Untergang der Astronautic*, 1963), überwunden.[6] Erst wenn eine Zivilisation mit sich ins reine gekommen ist, vermag sie in großem Stil Raumfahrt zu betreiben. Der Weltraum gehört den Friedfertigen. Brüder im All, wir kommen!

Paradiese, nein danke!

Viel über das Geschichtsbild Kirks und damit seiner Schöpfer verraten die Episoden *Landru und die Ewigkeit* und *Die Stunde der Erkenntnis*. Auf den Planeten dieser Episoden herrschen beinahe paradiesische Zustände, hier ein idealisiertes amerikanisches Siedlerleben, wo jeder jedem ständig »Frieden« wünscht, Sexualität und Aggressivität nur noch in einer »roten Stunde« stattfinden; dort eine Südsee-Idylle. Doch Paradiese gibt es nicht umsonst. Beide Male kontrolliert ein wohlwollender Computer die Szenerie, hier, indem alle Individualitäten in ein Massenbewußtsein aufgesogen werden, dort durch eine Religion, die jeden Fortschritt ausschließt. Das Landeteam der *Enterprise*, das sich weder aufsaugen läßt noch einem Gott huldigen will, bekommt rasch die Macht der Computer zu spüren. Während Spock aus rein rationaler Sicht keine Gründe gegen eine Welt finden kann, in der die Menschen glücklich, wenn auch in ihren Entfaltungsmöglichkeiten beschnitten sind, lehnt Kirk diese ab: Humanoide haben ein Recht auf freie und ungehemmte Entwicklung. Folgerichtig lockt er den einen Computer in eine logische Falle und zerstört den anderen durch Phaserbeschuß. In ähnlicher Weise wenden sich die Episoden *Falsche Paradiese* und *Der Tempel des Apoll* gegen außerirdische Schlaraffenländer. Das Gesetz des Fortschritts, der freien, ungehemmten Entwicklung bricht die Hauptdirektive. Idyllisch-utopische Zustände sind suspekt.

Der DDR-Science-fiction waren Paradiese gleichfalls verdächtig. In einem der interessantesten Romane, Heiner Ranks *Die Ohnmacht der Allmächtigen* (1973), gerät der Held auf einen Planeten, auf dem die Überflußgesellschaft ausgebrochen ist. Der überbordende, ja zwanghafte Konsum hindert jedoch die Menschen, sich in der Arbeit zu entfalten. Auch hier – im Osten wie im Westen – ist der unter Mühen errungene Fortschritt das übergeordnete Gesetz, Idyllen sind nur als Gegenbild – als langweilige Schlaraffenländer – denkbar, allenfalls ein Vulkanier kann für sie argumentieren. In Ost wie West braucht gesellschaftlicher Fortschritt aber eine treibende Kraft: Im Marxismus-Leninismus wurde sie formelhaft als »historische Mission des Proletariats« gefaßt, der letztlich auch die sozialistischen Raumfahrer verpflichtet waren. Zum Selbstverständnis von *Star Trek* gehört die Vorbildrolle des *American Way of Life* und der entsprechenden Werte in der Welt- bzw. Weltraumzivilisation.[7]

Die Übertragung des Fortschrittsmodells in den Kosmos funktioniert nur, soweit die fremden Planeten erdähnlich und ihre Bewohner menschenähnlich sind. Nur dann kann nach irdischen Begriffen moralisch-politisch geurteilt werden. Für die DDR-Science-fiction der fünfziger und sechziger Jahre stand außer Frage, daß im Prinzip alle Entwicklung im Kosmos so wie auf der Erde zu verlaufen und bei menschenähnlichen Wesen anzugelangen hatte: samt Lehrsatz des Pythagoras, in Stein gehauenen Heldendenkmälern und einer Partei der Arbeiterklasse. Roddenberry seinerseits setzte schon aus rein praktischen Gründen voraus, daß die Planeten, auf die sich die Brückencrew der *Enterprise* hinabbeamt, eine atembare Atmosphäre haben – und Bewohner, die sich in Kostüme aus dem Fundus stecken lassen und Englisch sprechen.

Wo aber steht die Menschheit in der kosmischen Evolution? Roddenberry und die DDR-Autoren wären sich in einem Punkt völlig einig gewesen: Reif ist diese Menschheit noch lange nicht. Sie mag zwar gute Ansätze zeigen, aber noch wird sie von Atavismen geplagt. Für den Pazifisten Roddenberry, der die Serie bewußt nicht auf Invasion aus dem All und Weltraumkrieg hin anlegte und später eine Resolution gegen den Vietnamkrieg unterzeichnete, war die angeborene Aggressivität des Menschen ein derartiger Atavismus, der überwunden werden muß. In zahlreichen Episoden, etwa *Das Gleichgewicht der Kräfte* und *Seit es Menschen gibt*, plädierte er dafür und ließ beispielsweise in letzterer den vulkanischen Philosophen Surak auftreten, der Gewaltfreiheit lehrt. In der DDR-Science-fiction allerdings wurden kriegerische Konflikte nicht auf angeborene Aggressivität, sondern auf die Ausbeutergesellschaft zurückgeführt.

»Der Schritt in den unendlichen Raum ist der Beginn eurer Reife«, sagen die Außerirdischen in Horst Müllers *Kurs Ganymed* (1962) zu den Menschen. In *Star Trek* sind die Aliens bisweilen weniger freundlich und erkennen Raumfahrt als Kriterium für »Reife« nicht an. Da wird stellvertretend für die ganze Menschheit die Crew der *Enterprise* getestet, etwa in den Episoden *Wildwest im Weltraum* und *Ganz neue Dimensionen*.[8] In letzterer verfolgt die *Enterprise* ein fremdes Raumschiff, das die Besatzung einer Station niedergemetzelt hat. Überlegene Aliens – Metrons – stoppen beide Schiffe und setzen Kirk sowie den feindlichen Kommandanten auf einem unbewohnten Planeten aus, wo sie gegeneinander um ihr Leben kämpfen müssen. Außerdem soll das Schiff des Unterlegenen zerstört werden. Kirks Gegner schlägt alle Friedensangebote aus und kann nur durch Einsatz einer rasch gebastelten Holzrohr-Kanone überwältigt werden. Gegen den Willen der Metrons weigert sich Kirk, den Besiegten zu töten. Damit ist letztlich doch eine friedliche Lösung möglich. Ein Metron, klassisch-griechisch gewandet, erscheint Kirk: Sie hätten bei den Menschen zwar eine angeborene Aggressivität festgestellt, doch sei die Art offensichtlich nicht völlig chancenlos. Sprechen wir uns in zehntausend Jahren wieder.

Ein kapitalistisches Laster

Im Vergleich zu den Weltraumserien der neunziger Jahre, zu *Space Ranger*, *Space 2063* und dem düsteren *Babylon V*, wirken die drei »klassischen« Staffeln von *Star Trek* nostalgisch unbekümmert. Als Kirk die *Enterprise* kommandierte, war die Zukunft noch in Ordnung. Und *Star Trek – The Next Generation* sowie, schwächer, *Deep Space Nine* und *Voyager* haben ein wenig von der optimistisch gezeichneten Menschheitszukunft bewahrt, doch die politischen Konstellationen sind komplexer, unüberschaubarer, beunruhigender geworden.

Fortschrittsoptimismus und eine humanistische Grundhaltung verbinden *Star Trek – The Original Series* mit der zeitgleichen DDR-Science-fiction. Die Menschheit hatte ein Ziel vor Augen: vorwärts zu größerer Einigkeit, Frieden auf Erden und in immer größeren Teilen des Weltalls, ein freies, sicheres und gleichberechtigtes Leben für den einzelnen, Glück und Wohlstand dank Wissenschaft und Technik. Was Wunder, wenn DDR-Science-fiction-Romane wie *Star-Trek*-Episoden ihre größtenteils jugendlichen Leser bzw. Zuschauer in Bann schlugen – sie gaben ihnen ein positives Modell von einer Welt vor, in der alle technischen Probleme beherrschbar sind und alle Konflikte mit gutem Willen und Verstand gelöst werden können. So gesehen, wirkt *Star Trek – The Original Series* heute fast utopisch und hat auch ein wenig vom »ausbeutungsfreien« Gestus der frühen DDR-Science-fiction.

Dennoch, *Star Trek* ist keine sozialistische Utopie: An Bord der *Enterprise* frönen Kirk und seine Crew notorisch einem urkapitalistischen Laster: Sie pokern.

Kai-Uwe Hellmann

»Sie müssen lernen, das Unerwartete zu erwarten.«[1]

Star Trek als Utopie der Menschwerdung?

Das Paradigma –
Auf dem Weg ins aufgeklärte Zeitalter

Wir leben im Zeitalter der Aufklärung. Seit Kant die Losung *Sapere aude* – »Habe Mut, dich deines *eigenen* Verstandes zu bedienen«, um aus selbstverschuldeter Unmündigkeit zu entkommen – ausgegeben hat, ist diese Einsicht nicht mehr hintergehbar: daß wir Menschen auf uns selbst gestellt sind, daß wir für uns selbst verantwortlich sind in dem, was wir tun und lassen, und daß es unsere Aufgabe ist, diese Verantwortung zu verstehen und anzunehmen. Das Schicksal liegt in unseren Händen, und es kommt allein auf uns an, was wir daraus machen, im Guten wie im Bösen.

Nachdem Gott tot ist, ist der Mensch gezwungen, erwachsen zu werden. Dabei besteht unsere Aufgabe insbesondere darin, uns zu entwickeln und Mensch zu werden, das Potential zu nutzen, das uns mitgegeben ist, um uns zu vervollkommnen. Für Herder bedeutete das: Die Humanität des Menschen im Menschen zur vollen Entfaltung zu bringen. »Humanität ist der *Charakter unsres Geschlechts*; er ist uns aber nur in Anlagen angeboren und muß uns eigentlich angebildet werden. Wir bringen ihn nicht fertig auf die Welt mit; auf der Welt aber soll er als Ziel unsres Bestrebens, die Summe unsrer Übungen, unser *Wert* sein.«[2] Es ist somit unsere Aufgabe, diese Anlage zur Humanität auszubilden und dadurch erst wirklich zu menschlichen Menschen zu werden. »Das *Göttliche* in unsrem Geschlecht ist also *Bildung zur Humanität*« (ebd.).

Genau besehen, ist das Göttliche in uns aber nicht die Humanität selbst, sondern die *Bildung* zur Humanität. Denn es geht bei dieser Aufgabe nicht um Perfektion, da es sich um einen unendlichen Prozeß, letztlich sogar um eine unlösbare Aufgabe handelt, sondern es gilt, Perfektion anzustreben. *Perfektibilität* ist das eigentliche Motiv, die Fähigkeit und Bereitschaft zur Vervollkommnung, und das heißt letztlich: die Fähigkeit und Bereitschaft, sich dieser Herausforderung zu stellen und zu lernen, ein Mensch zu werden, um ein Mensch zu sein.

Lessing hat gerade dieses Bestreben, die unermüdliche Arbeit an sich selbst, als die eigentliche Herausforderung begriffen. »Nicht die Wahrheit, in deren Besitz irgendein Mensch ist oder zu sein vermeinet, sondern die aufrichtige Mühe, die er angewandt hat, hinter die Wahrheit zu kommen, macht den Wert des Menschen. Denn nicht durch den Besitz, sondern durch die Nachforschung der Wahrheit erweitern sich seine Kräfte, worin allein seine immer wachsende Vollkommenheit bestehet.«[2a] Denn jede Wahrheit wird sich im Prozeß der Vervollkommnung als nur vorübergehend und unvollständig erweisen, nicht aber der Prozeß selbst. Deshalb ist der *Weg* das Ziel, also die *Bildung* zur Humanität, und nicht das Ziel selbst, die Bildung zur *Humanität,* die nur Ansporn ist, zu unserer wahren Bestimmung vorzudringen.

»Wenn denn nun gefragt wird: Leben wir jetzt in einem *aufgeklärten Zeitalter*? so ist die Antwort: Nein, aber wohl in einem Zeitalter der *Aufklärung*.«[3] Das Zeitalter der Aufklärung ist nach der Vertreibung aus dem Paradies das Zeitalter der eigentlichen Menschwerdung. Dabei ist das Spannende nicht, wann wir vom Zeitalter der Aufklärung in das aufgeklärte Zeitalter übergehen, sondern wie es uns gelingt, diese Aufgabe zu bewältigen. Die zentrale Frage lautet daher nicht, ob es uns gelingt, perfekt zu sein, sondern wie es uns gelingt, perfekt zu werden. Paradigmatisch ist der *Lernprozeß*, den wir im Zeitalter der Aufklärung durchlaufen; worauf es ankommt, sind die Lern-Fort-Schritte, die wir auf diesem Weg der Vervollkommnung machen. Darin besteht die eigentliche Herausforderung, quasi das utopische Programm der Menschheit: Auf diesem Weg der *Bildung* zur Humanität den Weg als das Werk zu begreifen, und das heißt: unermüdlich zu lernen, um das Werk an uns selbst mit uns selbst selbst zu vollbringen. »Humanität ist der Schatz und die Ausbeute aller menschlichen Bemühungen, gleichsam die *Kunst unsres Geschlechts*. Die Bildung zu ihr ist ein Werk, das unablässig fortgesetzt werden muß; oder wir sinken, höhere und niedere Stände, zur rohen Tierheit, zur *Brutalität* zurück.«[4]

Utopien – Vom Zeitalter der Aufklärung ins aufgeklärte Zeitalter

Als Thomas Morus 1516 jenes Werk verfaßte, das dem Genre der utopischen Literatur seinen Namen gab, war es seine erklärte Absicht, die Gesellschaft seiner Gegenwart mit einem positiven Spiegelbild ihrer selbst zu konfrontieren, und dies im 1:1-Verhältnis: Hier schlecht, dort gut. An allen beklagenswerten Verhältnissen, die Morus in seiner eigenen Gesellschaft vorfand, übte er Kritik, indem er mit *Utopia* eine ›bessere‹ Alternative entwarf, ja einen idealen Gegenentwurf zur Gesellschaft seiner Zeit vorlegte.

Utopia ist ein ideales Gemeinwesen, wobei ideal zweierlei bedeutet. Zum einen ist *Utopia* ideal in dem Sinne, daß dieses Gemeinwesen als wünschens- bzw. erstrebenswert vorgestellt wird – was für alle Eutopien gilt. *Utopia* ist aber auch ideal im Sinne von idealtypisch, da bestimmte Charakterzüge der soziopolitischen Ordnung seiner Zeit stark überzeichnet werden, ohne das gesamte Bedingungsgefüge der realen Gesellschaft Englands im 16. Jahrhundert zu berücksichtigen – was für alle Utopien gilt. Hierbei sind vor allem drei Aspekte hervorzuheben.

(1) Die Gesellschaftsordnung der Utopier ist in hohem Maße vernunftgeleitet. In gewisser Weise leben die Utopier in einem aufgeklärten Zeitalter; zumindest ist ihr Urteilsvermögen überwiegend rational und nicht religiös bestimmt. Maßgeblich ist das Selbst-Denken, die Unabhängigkeit des Urteilsvermögens von Metamächten; was gilt, ist selbstgesetzt, autonom.

(2) Das äußert sich auch darin, daß das Toleranzprinzip im Vergleich zur Zeit Morus' für die Utopier eine besondere Bedeutung besitzt. Denn unzweifelhaft ist gerade Intoleranz Andersdenkenden gegenüber – aus religiösen, kulturellen oder ethnischen Gründen – oftmals Anlaß für Unrecht und Gewalt. Eine bessere Gesellschaft beweist sich deshalb vor allem dadurch, wie sie dem Toleranzprinzip Geltung verschafft.

(3) Schließlich stellt die Abschaffung des Privateigentums für Morus das entscheidende Moment bei der Idealität von *Utopia* dar, da ohne Privateigentum jeder Anlaß fehlt, soziale Ungleichheit auf materielle Unterschiede zu gründen und damit ungerechte Lebensverhältnisse zu etablieren.

Es wäre jedoch zu kurz gegriffen, *Utopia* lediglich als statischen Gegenentwurf zu sehen, als radikale Kritik ohne konstruktive Intention. Vielmehr mahnt diese Vision die Verantwortung der Menschen für die Gestaltung der eigenen Gesellschaft an. Was mißraten ist, fällt auf sie selbst und die Art und Weise ihres Zusammenlebens zurück. Die Lösung des Problems besteht daher nicht darin, an eine höhere Instanz zu appellieren, die es schon richten wird, sondern an die menschliche Vernunft, die Verhältnisse gerechter zu gestalten und zu lernen, vernünftiger miteinander umzugehen.

Utopia von Thomas Morus hatte nicht nur eine genrespezifische Ursprungsfunktion, sondern setzte auch den Standard für alle weiteren Utopien. Zwar handelte es sich bei *Utopia* noch um eine Raumutopie, was sich erst 1770 mit Louis-Sébastien Merciers Zeitutopie *Das Jahr 2440* änderte. Ferner ist *Utopia* eine Eutopie, d. h. ein überwiegend positives Gegenbild zur gegenwärtigen Gesellschaft, während vor allem im 20. Jahrhundert Anti-utopien wie *Brave New World* von Aldous Huxley oder *1984* von George Orwell das Genre bestimmten. Gleichwohl setzte *Utopia* zentrale Kriterien fest, an denen sich spätere Utopien haben messen lassen müssen.

Neben diesen vier Kriterien – ideales Gemeinwesen, Vernunftprinzip, Toleranzgedanke und Gebot der Eigentumslosigkeit – lassen sich weitere Aspekte für Utopien anführen. So hat Hans Freyer 1936 drei »Gesetze des utopischen Denkens« aufgestellt:[5]

(1) Jede Utopie muß sich, um ihren idealen Zustand erhalten zu können, nach außen hin isolieren, um vor Überraschungen sicher zu sein. Denn nur, wenn es gelingt, die Umwelt stabil zu halten, sieht sich das Gemeinwesen nicht ständig Störungen ausgesetzt, die es in seiner Idealität beeinflussen und von seiner utopischen Bahn abbringen. Von daher werden Utopien häufig auf Inseln vorgefunden, abgeschnitten vom Rest der Welt, zugleich autonom und autark in ihrem Selbstlauf. Unveränderlichkeit der Existenzbedingungen ist oberstes Gebot, wenn die Utopie einmal Realität geworden ist.

(2) Der Ausschluß von Störungen übergreift aber nicht nur die äußere, sondern auch die innere Umwelt. So muß im utopischen Gemeinwesen auch gewährleistet sein, daß keine internen Störungen auftreten, um die ideale Harmonie zu beeinträchtigen. Dies betrifft besonders die unberechenbare Subjektivität der Menschen, ihre Gefühle, Leidenschaften und Launen. Deshalb muß auf irgendeine Weise versucht werden, diese störenden Kräfte in den Griff zu bekommen, sei dies durch polizeiliche Kontrolle wie in *1984*, Kriegsspiele wie in Callenbachs *Ökotopia* oder genetische Manipulation wie in *Brave New World*.

(3) Schließlich geht es um die Frage, wie es zu diesem utopischen Gemeinwesen gekommen ist, also um das Problem des Weges. Da es sich nicht um eine allmähliche Entwicklung handeln kann, denn die widerstreitenden Kräfte sind zu mächtig, muß es eine Ad-hoc-Lösung sein. Hier ist entweder die innere Wahrheit der Utopie ausschlaggebend, die die Menschen plötzlich von der Richtigkeit dieser Option überzeugt, oder ein mäch-

tiger Fürst, der wie Rousseaus *Legislateur* wirkt und das Gesetz der Utopie quasi aus dem ›off‹ heraus stiftet. In jedem Fall hält Freyer es für gegeben, daß sich eine Utopie nicht durch schlichte Eigendynamik, durch soziale Evolution, durch kollektives Lernen realisiert, sondern durch Metamächte wie eine plötzliche Erleuchtung oder einen Übermenschen in Gestalt eines weisen Gesetzgebers.

Eine Utopie stellt somit nicht nur ein ideales Gemeinwesen dar, das vernunftgeleitet ist, auf dem Toleranzprinzip beruht und kommunistische Verhältnisse simuliert, sondern auch wie ein geschlossenes System funktioniert, das sich nach außen hin isoliert, ohne nennenswerten Kontakt zur Außenwelt, von innen her hochgradig totalitär wirkt, um subversive Kräfte unter Kontrolle zu halten, und dessen Genese sich nicht dynamisch erklären läßt, etwa über eine »Politik der kleinen Schritte«, wie Karl Popper es formuliert hat, sondern als spontane Schöpfung, creatio ex nihilo.

Das Experiment –
Star Trek als fortlaufender Lernprozeß

Star Trek ist – in Anlehnung an die Siedlertreks, die im 18. Jahrhundert von der Ostküste Nordamerikas aufbrachen, um den Rest dieses riesigen Kontinents zu erforschen und in Besitz zu nehmen – die Fiktion einer riskanten Reise in unbekannte Gefilde, diesmal jedoch nicht in den ›Wilden Westen‹, sondern in den ›Wilden Weltraum‹. Nachdem die Erde zur ›terre des hommes‹ geworden war und selbst eine *Reise zum Mittelpunkt der Erde* keine Herausforderung mehr versprach, standen nur noch die unendlichen Weiten des Universums zur Verfügung, um der unstillbaren Neugier der Menschen nachzukommen.

Der Auftrag, den die Crew der *Enterprise* ausführt, ist die wissenschaftliche Erforschung des Weltraums. Dabei konfrontiert uns diese Fiktion einer zukünftigen Gesellschaft der Menschen im 23. und 24. Jahrhundert, die sich mittlerweile sogar mit anderen extraterristrischen Spezies zu einer Föderation zusammenge-schlossen hat, mit Verhältnissen, die unschwer an die *Utopia* von Thomas Morus denken lassen.

So herrscht auf der *Enterprise*, die quasi unsere zukünftige Ge-sellschaft en miniature darstellt, zwar ein hierarchisches Prinzip im Sinne einer militärischen Kommandostruktur; letztlich gilt aber das Vernunftprinzip als Leitorientierung. Denn obgleich dem Captain pro forma die letzte Entscheidung zukommt, ist diese de facto doch überwiegend das Resultat der obligatorischen Lagebe-sprechungen, die er mit seinen Offizieren abhält, um deren Ex-pertenmeinung angesichts von Problemen, die ihnen auf dieser Reise ständig begegnen, einzuholen und erst dann zu entschei-den, was zu tun ist. Was allein zählt, ist der Zwang des besseren Arguments. Insofern wird das hierarchische Prinzip zumeist durch ein diskursives Prinzip unterlaufen, wenn nicht ersetzt. Allenfalls bei Geheimoperationen sieht sich der Captain gezwun-gen, seine Crew nicht einzuweihen und mit Befehlen zu konfron-tieren, in deren Entscheidungsfindung sie nicht mit einbezogen wurden und die auch nicht begründet werden. Aber das sind Ausnahmen – in der Regel handelt es sich um sachbezogene Dis-kussionen über Problemanlaß und Lösungsvorschläge, in denen der Captain die Ideen seiner Crew aufgreift und in Handlungsan-weisungen umsetzt.

Noch deutlicher zeigt sich diese Parallele beim Toleranzprin-zip. Hier verfügt die *Star Trek* mit der *Prime Directive*, also dem Nichteinmischungsgebot, über eine universale, wenngleich nicht unproblematische Richtlinie, die das Eigenrecht anderer Kultu-ren zu respektieren sucht. Zwar wird dieses Gebot ständig gebro-chen, nicht nur, weil es mit dem Auftrag kollidiert, den Weltraum zu erforschen, sondern auch, weil es dem humanitären Gebot wi-derspricht, in Not zu helfen, bei Krankheiten, Naturkatastrophen oder Unterdrückung. Doch handelt es sich dabei um ein parado-xes Problem: Gerade, weil die Menschen nicht über eine »höhere Moralität« verfügen, wie Picard in der Folge *Die echte »Q«* ge-genüber dem allmächtigen Q betont, ist es die besondere Herausforderung der Menschen, die Balance zu wahren zwischen dem Anspruch auf Humanität, in Not zu helfen und für Gerechtigkeit einzutreten, und dem Anspruch auf Respekt, den auch andere Lebensformen verdienen, wenn sie nach ihren Vorstellungen leben. Insbesondere die Fähigkeit und Bereitschaft aber, diese Paradoxie auszuhalten und nicht dadurch aufzulösen, daß sich die Menschen eine höhere Moralität anmaßen und sich wie Q in alles einmischen oder sich aus allem raushalten und gleichgültig werden, zeichnet »das moralische Zentrum« aus, das Picard für die Menschheit in Anspruch nimmt. Das Ringen um die richtige Lösung ist die eigentliche Leistung der Menschen.

Nicht zuletzt gibt es auf der *Enterprise* keinen Anlaß, Reichtümer anzuhäufen. Geld existiert zwar noch (als »goldgepreßtes Latinum«), aber vor allem für den Handel mit anderen Spezies, etwa den Ferengi, den Prototypen des frühkapitalistischen Freibeuters. So sagt Captain Picard in der Folge *Die neutrale Zone* gegenüber drei Personen, die sich im Jahre 1989 haben einfrieren lassen, weil sie unheilbar erkrankt waren, und 375 Jahre später wieder aufgetaut werden: »In den letzten drei Jahrhunderten hat sich unglaublich viel verändert. Es ist für die Menschen nicht länger wichtig, große Reichtümer zu besitzen. Wir haben den Hunger eliminiert, die Not, die Notwendigkeit, reich zu sein. Die Menschheit ist erwachsen geworden.« Und etwas später dann: »Wir sind im 24. Jahrhundert. Materielle Nöte existieren nicht.« Statt dessen gewinnt man den Eindruck, daß die zentralen Figuren auf der *Enterprise* wie Spock, Riker, Worf oder Deanna Troi entsprechend ihren Fähigkeiten optimal eingesetzt werden und daraus ihre Befriedigung ziehen, anstatt durch die Anhäufung von Reichtümern.

Schließlich handelt es sich bei der Föderation um einen politischen Verband, der offenbar auf der Erde Probleme wie Verbrechen, Krankheiten und ungerechte Lebensverhältnisse nahezu völlig gelöst hat und der eine Friedenspolitik verfolgt, die alles versucht, um Konfrontationen mit ehemaligen Gegnern wie den Klingonen oder den Romulanern, mit denen man sich lange im

Krieg befand, auf friedlichem Wege zu bereinigen; das gilt selbst für das Kristallwesen wie in der Folge *Das Recht auf Leben*, das Tausende von Menschenleben auf dem ›Gewissen‹ hat, oder die Borg wie in der Folge *Ich bin Hugh*. Geht man somit vom Katalog der *Utopia* aus, erfüllt die *Enterprise* durchaus die Bedingungen, denen eine Utopie genügen muß. Anders schaut es dagegen mit den Gesetzen des utopischen Denkens aus, die Freyer aufgestellt hat.

So ist die *Enterprise* kein hermetisch geschlossenes System, das sich nach außen isoliert. Im Gegenteil: Der Außenbezug hat Priorität, der Kontakt mit dem ganz anderen wird fortwährend gesucht, ist es doch der Auftrag der *Enterprise*, viele Lichtjahre von der Erde entfernt unterwegs zu sein, »um fremde Welten zu entdecken, unbekannte Lebensformen und neue Zivilisationen«. Insofern schützt sich die *Enterprise* nicht vor Störungen, sondern provoziert sie geradezu. Dadurch erweist sich das Nichteinmischungsgebot aber nicht nur als paradox, sondern als nachgerade absurd. Dennoch gelingt es immer wieder, Verständigung herzustellen und zu lernen, auch mit noch so ungewöhnlichen Herausforderungen fertigzuwerden.

Das Gleiche trifft für das Verhältnis der Menschen untereinander zu. Ohne polizeiliche Kontrolle, aber auch ohne genetische Manipulation, hat man es auf der *Enterprise* sicherlich nicht – wie in anderen Utopien – mit »anonymen, leichter behandelbaren Normalmenschen« zu tun, sondern mit ganz unterschiedlichen Individuen, die jedes für sich über eine überaus »unruhige und Unruhe stiftende autonome Persönlichkeit«[6] verfügen; man denke nur an Captain Kirk oder Captain Picard, Spock oder Data, McCoy oder Deanna Troi. Gerade die Unterschiedlichkeit der Charaktere versetzt die Crew aber in die Lage, eine Vielzahl von Optionen für die Lösung von Problemen wahrzunehmen und von Problemlösung zu Problemlösung zu lernen, auch das Unmögliche möglich zu machen.

Schließlich geht es um das Problem des Weges. Obgleich man immer nur sporadisch erfährt, daß die nukleare Gefahr gebannt wurde, es keinen Hunger mehr gibt, Armut zur Vergangenheit gehört und nahezu sämtliche Krankheiten geheilt werden können, wird doch deutlich, daß dies das Resultat einer langen, mühevollen Anstrengung ist, die die Menschheit auf sich genommen hat, um sich weiterzuentwickeln – auch wenn ihr Q das in der Folge *Der Mächtige* bestreitet. So zeigt jede Folge erneut, daß das »Geheimnis des Erfolgs« darin besteht, zu lernen, jedes Problem durch Vernunft zu lösen, ohne Gewalt, und Verständnis aufzubringen für andere Lebensformen, um weitgehend gerechte Lebensverhältnisse zu realisieren. Dabei sind die Interventionen der *Enterprise* keineswegs immer von Erfolg gekrönt; grundsätzlich steht aber außer Zweifel, daß der Weg zu lernen, Probleme durch Vernunft zu lösen, immer noch der aussichtsreichste ist.

Streng genommen erfüllt *Star Trek* also kein einziges der Gesetze des utopischen Denkens – und dennoch: Gerade deswegen handelt es sich bei *Star Trek* um eine Utopie besonderer Art, gerade deshalb vermag *Star Trek* so sehr zu faszinieren. Denn die Frage nach dem Problem des Weges wird in die Frage nach dem richtigen Weg der Problemlösung übersetzt, und die Antwort lautet: *Lerne*, mit jeder neuen Herausforderung fertigzuwerden und jedesmal erneut damit zu ringen, das Richtige zu tun, ohne schon vorher zu wissen, was das Richtige ist.

Diese Fähigkeit und Bereitschaft zu lernen kommt sehr schön in der Folge *Zeitsprung mit Q* zum Ausdruck, in der das allmächtige Wesen Q Picard, der ihm den Wunsch verwehrt, auf seinem Schiff Dienst zu leisten, mit der Ankündigung konfrontiert: »Oh?! Na gut, Sie trauen mir nicht, aber Sie brauchen mich. Sie sind auf das Kommende nicht vorbereitet.« Picard erwidert: »Wie können wir wohl auf etwas vorbereitet sein, das wir nicht kennen? Doch auf jeden Fall sind wir auf viele Möglichkeiten vorbereitet.« Das führt Q zu der Frage: »Tatsächlich?«, worauf Picard antwortet: »Ja, tatsächlich, sonst wären wir nicht hier.« Q ist überrascht und sagt: »Ach, ganz schön arrogant«, um dann der nicht minder geheimnisvollen Außerirdischen Guinan gegenüber zu äußern: »Die wissen nicht, was sie erwartet.« Guinan antwortet jedoch: »Sie sind fähig, zu lernen, und sie können sich anpassen. Das ist ihr großer Vorteil.«

Was hier zum Ausdruck kommt, ist das Bekenntnis zur Aufklärung: Lerne, das Unmögliche möglich zu machen, wachse über dich hinaus und werde erwachsen. Bilde deine Humanität aus und werde Mensch. Denn nur die Fähigkeit und Bereitschaft, zu lernen, mit dem Unmöglichen fertigzuwerden, ist der Weg, dieses Problem zu lösen. Frei nach Fred Polak könnte man daher sagen: *Star Trek* wird »als Arbeitsmodell entworfen, und die Figuren werden auf einer Bühne zur Aufklärung und Erbauung eines Massenpublikums vorgeführt, in der besten Tradition moderner audio-visueller Erziehung! Doch entfaltet *Star Trek* im Laufe der Jahrhunderte einen unendlichen Reichtum an Variationen in Formen und Inhalten, Mitteln und Zielen, erdachten Zeiten und Orten, wissenschaftlichen Methoden und Techniken, sozialen Problemen und wirklichen oder erdachten Entdeckungen der verschiedensten Art.« Die Serie präsentiert somit »ein Modell von etwas, das sein könnte, voller Ideale dessen, das sein sollte. Sie bereitet einen Idealtyp vor, der als Prüfstein der wirklichen, der möglichen, der vernünftigen und der erwünschten Entwicklung dienen kann. Als Leitprinzip und Maßstab zugleich ist die Serie nicht nur ›up-to-date‹, in ihrer Modell-Funktion für die Anwendung menschlicher Kraft auf den sozialen Bereich ist sie auch ein Glücksfall für den Menschen.« Sie »will den Menschen aufrütteln, und zwar nicht zum Handeln schlechthin, sondern zu sinnvollem, auf die bessere, von ihm entworfene Gesellschaft hin orientiertem Handeln«. Es geht dabei um den »Aufbau einer Gesellschaft, die einen Schritt weiter in der rationalen und moralischen Entwicklung der Menschheit auf dieser Erde und in dieser Zeit bedeutet«. Ihr zentrales Ziel ist »die Entfaltung der menschlichen Würde durch die Anstrengung des Menschen selbst«, was einen »Weg zum Neubeginn, zu neuen Denkweisen« weist. Dabei ist der Begriff der menschlichen Würde der eigentliche Ankerpunkt des ganzen Unternehmens: »Der Begriff menschlicher Würde fordert, daß der Mensch seine Geschichte selbst gestaltet, daß er seine eigene Gesellschaft im Sinne vernünftiger und moralischer Prinzipien ordnet, und daß er über seine eigene Zukunft zielbewußt und im Sinne der Verwirklichung einer bestmöglichen Gesellschaft entscheidet.«[7] Nur macht Fred Polak dies für die Utopie im allgemeinen geltend – aber auch auf *Star Trek* im besonderen trifft es zu.

Das Utopische an dieser Serie besteht somit in der menschlichen Fähigkeit und Bereitschaft, unermüdlich zu lernen; das ist das eigentliche Motiv des Auftrags der *Enterprise*. Dadurch vermeidet *Star Trek* aber jene schwerwiegenden Konstruktionsfehler vieler Utopien, die sie zugleich problematisch und unrealisierbar machen, nämlich nur als geschlossene Systeme überleben zu können, die Menschen repressiv zu behandeln und auf Unveränderbarkeit zu beharren. Statt dessen geht es um Offenheit, um Kontaktaufnahme, um Störungen im Sinne der Erfahrung mit dem Fremden, dem ganz anderen. Denn nur in der Herausforderung kann der Mensch über sich hinauswachsen, und nur darin, dieser Herausforderung gerecht zu werden, beweist sich die Möglichkeit, Mensch zu sein, Humanität zu besitzen. Ohne Herausforderung bleibt der Anspruch auf Humanität ohne Risiko, und ohne Risiko ist dieser Anspruch nur folgenloses Lippenbekenntnis.

Was *Star Trek* zur Utopie macht, ist somit »die aufrichtige Mühe« (Lessing), den Anspruch auf Humanität zu realisieren, zu lernen, diesem Anspruch von Mal zu Mal mehr zu entsprechen und vor keiner Herausforderung zurückzuweichen, wie verschieden sie auch sein mag. Im Prinzip geht es darum, alles zu lernen, ohne Einschränkung, und sei es der »Weg zum Neubeginn, zu neuen Denkweisen« (Polak).

Anomalien – Aporien, paradigmatisch zu lernen

Wenn *Star Trek* eine Utopie darstellt, weil es das utopische Motiv des uneingeschränkten Lernens traktiert, stellt sich die Frage: Wird die Serie diesem Anspruch gerecht? Dabei geht es nicht darum, ständig auf Folgen zu verweisen, in denen das Lernmotiv im Mittelpunkt der Handlung steht; das ist kein Problem. Gerade das Moment der Serialität gestattet es ja, die Handlung relativ komplex zu entwickeln, von Folge zu Folge neue Aspekte einzuführen, um schon in kurzer Zeit ein recht differenziertes Bild zu zeichnen von einer Zukunft, die lebenswert ist. Denn die Hoffnung auf eine lebenswerte Zukunft, das Vertrauen darauf, daß es gelingen wird, die Dinge zum Besseren zu wenden, ist es ja, was diese Serie von vielen anderen unterscheidet, indem sie das Grau-in-Grau überwindet und dazu auffordert, sich auf das Unbekannte einzulassen – eine Serie, die genau in unsere Zeit paßt, in der so vieles unklar und unsicher geworden ist und wo nichts leichter fällt, als die Zukunft schwarz zu malen und alle Hoffnung fahren zu lassen.

Aber das ist nicht der interessante Punkt. Vielmehr geht es darum, ob es der Serie tatsächlich gelingt, das utopische Motiv des uneingeschränkten Lernens konsequent durchzuhalten. Denn uneingeschränkt zu lernen bedeutet nicht, nur peripher zu lernen, so daß der eigene Standpunkt letztlich unberührt bleibt, sondern paradigmatisch zu lernen, so daß man nachher ein völlig anderer ist als vorher. Das kommt sehr schön in der Folge *Gestern, Heute, Morgen* – übrigens die letzte Folge von *The Next Generation* – zum Ausdruck, in der Q das Verfahren gegen die Menschheit aus der ersten Folge *Der Meister* wieder aufnimmt und am Ende der erneuten Prüfung Picards sagt: »Sie begreifen es einfach nicht, oder, Jean Luc? Der Prozeß geht nie zu Ende. Wir wollten nur sehen, ob Sie die Fähigkeit haben, Ihren Horizont etwas zu erweitern, und für einen ganz kurzen Moment konnten Sie es.« Auf Picards Nachfrage hin erwidert Q sodann: »Exakt. Für den Bruchteil dieser einen Sekunde standen Ihnen nie geahnte Möglichkeiten offen. Das ist die Erforschung, die Sie anstreben sollten, nicht das Kartographieren von Sternen oder das Studium von Nebeln. Verlegen Sie sich auf die Erkundung unbekannter Möglichkeiten der Existenz.« Ausgehend von dieser Aufforderung ist jedoch festzustellen, daß gerade das paradigmatische Lernen, die Erfahrung eines Neubeginns, eines neuen Denkens, die »Erkundung unbekannter Möglichkeiten der Existenz« weitgehend unterbleiben. An drei Beispielen sei dies demonstriert.

(1) Der ausdrückliche Auftrag der *Enterprise*, »fremde Welten zu entdecken, unbekannte Lebensformen und neue Zivilisationen«, setzt vor allem die Fähigkeit und Bereitschaft zur Kommunikation voraus. Die Verständigung muß gesucht werden, wie fremd die jeweils andere Sichtweise auch sein mag. Dabei fällt auf, daß Fremde aus anderen Zivilisationen in der Regel von humanoider Erscheinung sind und nicht nur so ausschauen wie wir, sondern auch so denken und leben. Die Differenzen sind beileibe nicht fundamentaler Art, sondern konzentrieren sich auf Teilaspekte, wie Geschlecht in der Folge *Verbotene Liebe,* Autorität wie in der Folge *Der Austauschoffizier* oder Alter wie in der Folge *Die Auflösung.* Die Probleme erinnern stark an heutige Diskussionen über Multikulturalismus, die kulturellen Differenzen sind für alle Beteiligten schmerzhaft, aber keineswegs unüberwindbar. Von dieser Art sind viele *Star-Trek*-Folgen: eine Bestätigung der Lernbereitschaft, aber ungefährlich für die eigene Substanz.

Ganz anders schaut es aus, wenn es fundamentale Kommunikationsprobleme gibt wie in der Folge *Darmok.* Hier handelt es sich um den Versuch, mit einer Spezies Kontakt aufzunehmen, mit der bisher überhaupt keine Verständigung zustande kam, schon auf der sprachlichen Ebene nicht – ein Problem, das von ganz anderem Kaliber ist als der heutige Streit um Multikulturalismus, wo häufig nur Borniertheit und Ignoranz Anlaß für Eskalation sind. Im Ergebnis bleibt auch dieser erneute Versuch unbefriedigend, allenfalls ein Anfang; einer stirbt sogar dabei. Von seiner Problematik her dürfte dieser Fall bei Weltraumreisen aber der sehr viel häufigere sein, als wenn man auf Spezies trifft, mit denen man sich mittels des Universaltranslators verständigt und dann Meinungsverschiedenheiten austrägt. Dies ist sicherlich auch dem Seriencharakter von *Star Trek* geschuldet und kein Einwand gegen die Idee also solche; nur schränkt es das utopische Motiv auf relativ harmlose Fälle ein.

(2) Dies zeigt sich besonders dann, wenn die *Enterprise* mit Lebewesen und Zivilisationen konfrontiert wird, die so anders sind als die menschliche Kultur, daß es kaum noch Gemeinsamkeiten gibt, auf denen die wechselseitige Verständigung aufbauen kann. Dabei kann man an Folgen denken, in denen die *Enterprise* mit übermächtigen Wesen zu tun hat, wie in den Folgen *Kampf um Organia, Illusion oder Wirklichkeit?* und *Beweise,* oder an die wiederholten Begegnungen mit Q. Als ultimative Herausforderung sollen jedoch die Borg dienen, speziell die Folge *In den Händen der Borg,* in der Picard von den Borg entführt und zu einem der Ihren gemacht wird.

Das erste Mal wird die *Enterprise* mit den Borg in der schon zitierten Folge *Zeitsprung mit Q* konfrontiert. Zweck dieser Konfrontation ist es laut Q, den Menschen etwas von ihrer Arroganz zu nehmen, da sie es bei den Borg mit einer Spezies zu tun haben, der sie technologisch weit unterlegen sind. Das Besondere an den Borg ist die Art ihrer Lebensform: Sie existieren nicht als Individuen, sondern als Kollektiv; sie treffen alle Entscheidungen gemeinsam, und dies in einer nie zuvor erfahrenen Geschwindigkeit und Effizienz: Synergieeffekte pur.

Was den Menschen hier begegnet, ist quasi ihr kulturelles Gegenteil: Nicht Individualität bestimmt das Selbstverständnis der Borg, sondern Kollektivität. Bisher waren die Menschen imstande, in Kommunikation mit anderen Zivilisationen zu treten, weil man sich gerade in diesem Punkt ähnlich war. Die Borg kennen jedoch keine Individualität. Sie assimilieren Kulturen, sofern sie ihnen technologisch interessant erscheinen, wodurch diese Kulturen freilich jedes Recht auf Eigenständigkeit verlieren, ja als solche ganz verschwinden oder über die ganze Galaxis verstreut werden, wie es dem Volk von Guinan widerfuhr.

Die ultimative Herausforderung besteht darin, daß das Lernprinzip im Kontakt mit den Borg an die Grenzen seiner Möglichkeiten gerät. Die Borg repräsentieren eine Lebensform, die so anders ist, daß Lernen im paradigmatischen Sinne den Verlust der eigenen Identität bedeuten würde. Das Besondere an den Borg ist gewissermaßen die Konfrontation mit dem Nicht-Identischen. Denn während die Grundvoraussetzung der menschlichen Kommunikationsweise Differenz ist, da jeder Mensch Individualität besitzt und damit anders ist als andere, ist es bei den Borg Identität, da alle Borg einer Kollektivität angehören. Damit ist aber das Nicht-Identische, also das, was nicht-identisch ist mit den Menschen, Identität, nicht Differenz. Deshalb setzt auch in dem Moment, da die Menschen tatsächlich die Erfahrung des Nicht-Identischen machen, ihre Lernbereitschaft, ja Lernfähigkeit aus und die Selbstverteidigung ein. Das heißt aber: Der Präzedenzfall paradigmatischen Lernens führt zu Nicht-Lernen. Man hat am Ende zwar dazugelernt, letztlich bleibt aber alles beim Alten; das utopische Motiv des uneingeschränkten Lernens wird inkonsequent. Denn die eigentliche Herausforderung hätte darin bestanden, nicht auf Selbstverteidigung umzuschalten, sondern auf Verständigung, auf die Vermittlung dieser beiden so gegensätzlichen, vielleicht inkompatiblen Prinzipien Individualität und Kollektivität. Das aber unterbleibt, und dies ist sicherlich nicht nur dem Seriencharakter von *Star Trek* geschuldet.

(3) Schließlich geht es um den besonders kritischen Fall, in dem die *Enterprise* die Erfahrung mit einem Paradies macht, eine Möglichkeit, die mehrfach durchgespielt wird. So sind in der Folge *Falsche Paradiese* die Menschen durch Infizierung unverwundbar, ja unsterblich geworden; sie lieben sich und leben einfach glücklich und sorglos in den Tag hinein; selbst Spock verliebt sich Hals über Kopf. Allein, die Pflicht ruft, und Kirk, der Unbestechliche, widersteht mit eisernem Willen der Versuchung, zieht Spock auf seine Seite, und alle wachen wie aus einem bösen Traum auf – ohne daß auch nur ansatzweise problematisiert wird, weshalb man die Pflicht dem Paradies vorziehen sollte.

In der Folge *Die Stunde der Erkenntnis* lebt ein Volk glücklich und zufrieden, mit Lebens- und Sinnmitteln durch eine große Maschine versorgt, die es wiederum zu füttern gilt. Auch hier kommt es zu einer Entscheidung, mit der sich Kirk und seine Mannen eigenmächtig über die *Prime Directive* hinwegsetzen: Sie zerstören diese Ordnung. Folgende Passage macht das deutlich. Spock beginnt mit der Bemerkung: »Bewundernswertes Beispiel humanoider Symbiose.« McCoy erwidert daraufhin: »Man braucht wohl einen computerähnlichen Vulkanierverstand für diese Art von Bewunderung.« Spock hält dagegen: »Doktor, Sie wenden immer menschliche Maßstäbe für außerirdische Kulturen an. Ich darf Sie erinnern, daß der Mensch eine unscheinbare Minderheit in dieser Galaxie ist.« Jetzt ist McCoys Stunde gekommen: »Es gibt absolute Werte, Mr. Spock, einer davon ist das Recht auf ein freies Leben aller Humanoiden dieses Universums, das Recht auf Voraussetzungen, die eine freie Entfaltung ermöglichen.« Spock antwortet mit vulkanischer Contenance: »Es hat aber jeder das Recht zur freien Wahl des Systems, das ihm am meisten zusagt.« Jetzt ersucht McCoy Captain Kirk um Unterstützung: »Jim, du kannst vor dem, was hier vorgeht, doch nicht einfach die Augen verschließen. Es sind Humanoide, denkende Wesen, die Entwicklung brauchen und Fortschritt. Begreift ihr, was meine Meßdaten bedeuten: daß es hier seit 10 000 Jahren keine Veränderung, keinen Fortschritt gegeben hat. Es ist nicht Leben, es ist Stagnation.« Jim schweigt jedoch, dafür setzt Spock nach: »Doktor, diese menschlichen Wesen sind gesund und sehr glücklich, und sie haben eine Gesellschaftsordnung, die funktioniert, trotz Ihrer emotionalen Abneigung gegen diese Ordnung.« McCoy, außer sich, erwidert: »Ihnen mag das sinnvoll erscheinen, Mr. Spock, aber das ist es nicht für mich.« Später entscheidet Captain Kirk dann eigensinnig: »Es sind Humanoiden, keine Roboter, und sie haben das Recht auf freie Entscheidung. Wir sind ihnen schuldig, uns einzumischen.«

Man könnte einwenden, daß es sich hierbei noch um *The Original Series* handelt, in der es ohnehin drunter und drüber geht, gerade was die *Prime Directive* betrifft. Doch auch in *The Next Generation* stößt man auf diese Art von Inkonsequenz – bezüglich des utopischen Motivs. So finden wir in der Folge *Das künstliche Paradies* eine Gesellschaftsordnung vor, in der es gelungen ist, mittels genetischer Manipulation – ähnlich wie in der Folge *Der schlafende Tiger* – eine optimale Zurichtung jedes einzelnen auf die ihm zugedachte Aufgabe zu erreichen, ob Wissenschaftler oder Politiker. Jeder einzelne hat in dieser Gesellschaft seinen vorherbestimmten Platz. Das Paradiesische besteht darin, daß sich die Frage nach dem Sinn des Lebens nicht stellt, sondern immer schon beantwortet ist: keine Fragen, keine Zweifel. Allein Picard will sich auf den Einwand hin, ob diese Art zu leben nicht auch etwas Reizvolles hat, damit nicht abfinden: »Sie haben ihre Menschlichkeit aufgegeben, mit dieser genetischen Manipulation, viele der Identitäten, die sie weggezüchtet haben, die Ungewißheit, die Selbstentdeckung, das Unbekannte. Ich würde nicht in dem Wissen leben wollen, daß meine Zukunft schon geschrieben ist, daß meine Grenzen bereits festgesteckt sind. Wir leben, um das Unbekannte zu erforschen.« Daß gerade die Ungewißheit, die Suche nach Selbstentdeckung, das Unbekannte mit unkalkulierbaren Risiken konfrontieren und äußerst schmerzhafte Enttäuschungen bereithalten können, während die genetische Manipulation den Menschen auf unnachahmliche Weise Sicherheit und Sinn stiftet und sie von jedem Leiden erlöst, wird in der ganzen Folge in keiner Form gewürdigt und als reale Alternative reflektiert. So ist nur von Defiziten die Rede, und die Alternativen scheinen klar: dort Stillstand, hier Bewegung, dort Selbstgenügsamkeit, hier Neugier, dort schlecht, hier gut. Das ist Rhetorik, nicht Reflexion; die Chancen sind nicht fair verteilt, die Abwägung ist nicht ausgewogen, und das nicht zufällig.

Die Generalkritik an allen drei Beispielen zielt darauf, daß die Chance zum paradigmatischen Lernen in *Star Trek* zwar stringent angelegt ist, aber nicht konsequent genutzt wird. Statt dessen werden faule Kompromisse eingegangen, um die Kontinuität der Serie zu retten, vielleicht auch aus Angst vor der ultimativen Herausforderung, dem Nicht-Identischen. Letztlich scheitert das Utopiemotiv am Unterhaltungsmotiv. Das Utopische bleibt erhalten, aber es wird nicht bis zur letzten Konsequenz durchgehalten, nicht auf die Spitze getrieben, auch wenn mit dieser Möglichkeit immer wieder kokettiert wird, wie in der Folge *Indiskretionen*, in der Picard auf die Frage, ob er eine für ihn ungewöhnliche Erfahrung nachtrage, antwortet: »Nein, im Gegenteil, ich fand Ihre Vorgehensweise durchaus fesselnd. Wir Menschen neigen dazu, eher eine relativ ausgewogene Lebensweise zu führen, niemals zu viel und niemals zu wenig, und ich finde es interessant, eine Kultur kennenzulernen, die bereit ist, eine Erfahrung bis ins äußerste Extrem zu treiben.« Wenn es aber darauf ankommt, stößt man nicht bis an die Grenzen vor, um sie dann zu überschreiten, sondern zieht sich wieder auf sicheren Boden zurück. Man ist zwar um eine wichtige Erfahrung reicher, aber nachher noch derselbe wie zuvor. Was in der Folge *Wer ist John?* passiert – daß eine Spezies eine Metamorphose fundamentaler Art erfährt, wodurch sich ihre gesamte Existenzweise ändert –, wird der Mikro-Menschheit auf der *Enterprise* verwehrt.[8] Damit bleibt die größte Herausforderung aber aus: *Paradigmatisch zu lernen* und vielleicht das Göttliche zu realisieren, den Weg dorthin zu beenden, ans Ziel zu kommen und nachher ganz anders zu sein als vorher.

Der Paradigmenwechsel – Die Aufklärung der Aufklärung

»Es gibt im Leben Augenblicke, da die Frage, ob man anders denken kann, als man denkt, und anders wahrnehmen kann, als man sieht, zum Weiterschauen oder Weiterdenken unentbehrlich ist.«[9] Nach Thomas S. Kuhn machen Anomalien auf Leistungsgrenzen eines Paradigmas aufmerksam, wenn es nicht mehr gelingt, sie mittels Ad-hoc-Hypothesen noch innerhalb des Paradigmas zu erklären.[10] Wenn man die ›*Bildung* zur Humanität‹ als das Paradigma der *Aufklärung* begreift, innerhalb dessen auch das utopische Motiv von *Star Trek* angelegt ist, dann verweisen die diskutierten Anomalien auf die Frage, ob dieses Paradigma nicht an die Grenzen seiner Leistungsfähigkeit gestoßen ist. Sollte dies der Fall sein, hieße das aber, anders zu denken, als es innerhalb dieses Paradigmas üblich ist, und Abschied zu nehmen von der humanistischen Tradition der Aufklärung, wie sie uns so vertraut ist – nicht zuletzt durch *Star Trek*. Sich von der humanistischen Tradition der Aufklärung zu verabschieden und anders zu denken – das war aber die Lebensaufgabe Michel Foucaults, der als Philosoph und Kritiker des abendländischen Humanismus und der Humanwissenschaften bekannt geworden ist.

Foucault vertrat die Auffassung, daß dem Menschen in der Moderne zuviel Bedeutung beigemessen wird. Denn »der Mensch ist nicht das älteste und auch nicht das konstanteste Problem, das sich dem menschlichen Wissen gestellt hat. Wenn man eine ziemlich kurze Zeitspanne und einen begrenzten geographischen Ausschnitt herausnimmt – die europäische Kultur seit dem sechzehnten Jahrhundert –, kann man sicher sein, daß der Mensch eine junge Erfindung ist.«[11] Deshalb kann der Mensch ebenso schnell, wie er aufgetaucht ist, auch wieder verschwinden, »wie am Meeresufer ein Gesicht im Sand«. Dekonstruiert man den humanistischen Diskurs dergestalt, verflüchtigt sich die Faszination von Herders Apotheose »Das *Göttliche* in unserm Geschlecht ist also die *Bildung zur Humanität*« jedoch rasch. Denn wenn der Mensch nur eine vorübergehende Erscheinung darstellt, lohnt es nicht, alle Energie darauf zu verwenden, sein Wesen verstehen zu wollen. Statt dessen hieße es, der Wahrheit auf der Spur zu bleiben und keiner ›Erfindung‹ von nur begrenzter Lebensdauer.

Ausgehend von der Annahme, daß die Mission der *Enterprise* in der humanistischen Tradition der Aufklärung steht, wirft die Dekonstruktion Foucaults ein ganz anderes Licht auf die Anomalien, die zuvor behandelt wurden. Betrachtet man zum Beispiel nochmals die Reaktion der *Enterprise* in bezug auf die Borg, macht die Rede von der Würde des Menschen nur innerhalb dieses Paradigmas Sinn; außerhalb dessen kommt ihr nur ein sehr flüchtiger Status zu, und es stellt sich die Frage: Was spricht dafür, Individuum zu bleiben, wenn es sich nur um eine kurzlebige Erfindung handelt, vergleichbar dem Aberglaube an Hexen und Dämonen aus dem späten Mittelalter? Warum nicht in eine neue Existenzform übergehen, und sei es die der Borg? Warum nicht aufs Ganze gehen, wirklich anders denken, kollektiv denken, aufgehoben in einer Gemeinschaft, in der es – man sehe die Folge *Ich bin Hugh* – absolut keine Einsamkeit mehr gibt, keine Isolation, keine Verzweiflung, keine Sinnkrise?

Betrachtet man *Star Trek* in der Tradition der Aufklärung, dann kommt der Serie eine eminent utopische Funktion zu – nur daß die Vision scheitert, wenn es gilt, paradigmatisch zu lernen. Letztlich bleibt die Serie ihrer Epoche verhaftet, da sie sich nicht weit genug von ihren Startbedingungen löst. Wenn man dieses Scheitern aber nicht als Inkonsequenz der Serie begreift, sondern als immanentes Problem des Paradigmas, das sich primär humanistisch versteht, dann gewinnt das Scheitern eine besondere Qualität: Es informiert über Grenzen des Paradigmas, über Grenzen der Entwicklungsfähigkeit, über Selbstlimitationen, die greifen, wenn die Eigendynamik einer Epoche die Epoche zu überschreiten droht. Dann geht es nicht mehr um ein Scheitern, sondern um die Chance, das alte Paradigma in Frage zu stellen und ein neues zu denken – gleichsam ein utopisches Unterfangen: *Die Aufklärung der Aufklärung*, da es nicht mehr darum ginge, sich von den Metamächten des Mittelalters zu emanzipieren, sondern von der Metamacht der Moderne, dem Humanismus, um die eigenen Bedingungen der Existenz als kontingent zu erkennen und diese Kontingenz als letzte Bedingung zu akzeptieren.

Star Trek ist im Zeitalter der Aufklärung gerade deshalb eine Utopie, weil die Serie das utopische Potential der Aufklärung ernst nimmt, dadurch aber Anomalien erzeugt, die das Paradigma in Frage stellen. Jenseits dieses Zeitalters ist es ein Experiment, das den Anachronismus dieser Epoche deutlich macht und einen Wechsel des Paradigmas nahelegt. Warten wir ab, was die Zukunft bringt, wenn es heißt, »fremde Welten zu entdecken, unbekannte Lebensformen und neue Zivilisationen« – der Menschheit.

Jacqueline de Giacomo
Der intergalaktische Quotenbarde

Shakespeare und die Frage nach dem Wert
des Menschen

In den amerikanischen Unterhaltungsmedien der letzten Deka-
den gibt es ein Phänomen, das man mit Fug und Recht als eine
Art Quotenbardentum bezeichnen kann: Ob in Mainstream- oder
Independentproduktionen (z. B. *The Last Action Hero*; *My Private
Idaho*), Filmen oder Fernsehserien: Shakespeare ist fast immer
dabei. Als unverwüstlich flexibler Vorzeigebarde und altbewähr-
ter kultureller Herzschrittmacher eines verbraucherfreundlichen
Humanismus übersteht er die zahlreichen wütenden Diskussionen über Fragen kultureller Nivellierung und Fragmentierung
ebenso wie die historische Abnabelung der Vereinigten Staaten
von ihrem Geburtsland. Amerika pflegt seine Beziehungen zu
diesem Erbstück der alten Welt als ebenso politisch korrekten wie
unverbindlichen Teil der nationalen Identität.

Über das grundlegend amerikanische Gepräge von *Star Trek* ist
zweifelsohne schon viel gesagt und geschrieben worden. Insofern
wird es niemanden verwundern, daß auch dieses Unterhaltungsprodukt sich dem US-Trend der kulturellen Rückversicherung
beim Herrn aus Stratford nicht entzogen hat, zumal der Erfinder
der Serie, Gene Roddenberry, bekennender Bardenfan war, und
diverse *Star-Trek*-Darsteller wie zum Beispiel Christopher Plum-
mer und Patrick Stewart ihre einschlägigen Bühnenerfahrungen
in die Produktion einbrachten. Darüber hinaus wird man dem
Shakespeareschen Original mit Sicherheit keine bahnbrechend
neuen Aspekte für die Interpretation und Inszenierung von *Star
Trek* abgewinnen können; auch hier unterscheidet sich die Serie
noch nicht wesentlich von anderen Medienprodukten. Und den-

noch: Vergegenwärtigt man sich, in welchen Momenten der Dialog mit dem Renaissancetext aufgegriffen wird und welche Signale damit gesetzt werden, erscheint die Rolle des elisabethanischen Dramatikers doch bedeutungsvoller als die einer altmodischen Kühlerfigur auf der blitzweißen Untertassensektion eines sonst zu schlichten TV-Raumschiffs.

Im sechsten *Star-Trek*-Film (1991) stoßen der klingonische Kanzler Gorkon und der alternde Spacecowboy und Captain der *Enterprise*, James Tiberius Kirk – zwei Männer, die sich ein Leben lang nur als erbitterte Feinde begegnet sind – mit leuchtend blauem Wein und gemeinsamem Ingrimm auf etwas an, dem sie und ihre Getreuen nur voll düsterer Skepsis entgegenblicken können: *The Undiscover'd Country* – die Zukunft.

Kritiker haben häufig genug murrend darauf hingewiesen, daß sich der Begriff des unentdeckten Landes in Hamlets bekanntestem seiner vielen Selbstgespräche, dem das Zitat entnommen ist, auf den Tod beziehe und nicht auf die Zukunft.[1] Aber natürlich liegt die Vermutung nahe, daß es sich dabei um die Fehlinterpretation von Humanoiden handelt, die Shakespeare bedauerlicherweise nie im klingonischen Original gelesen haben. Darüber hinaus ist die Zukunft, die sich in jenem Augenblick vor den beiden alten Haudegen auftut, tatsächlich eine Welt, die durch den Tod all dessen gekennzeichnet ist, was ihre bisherige Welt grundlegend definiert hat. Denn die einst verfeindeten großen Machtblöcke der Föderation und des klingonischen Imperiums haben Frieden geschlossen, die Grenzen des mal heißen, mal kalten Krieges brechen zusammen, und altbewährte Gefühle des Hasses und der Verachtung sollen, so will es die Politik, begraben werden.

Aber der Titel des Spielfilms selbst – *Star Trek VI: The Undiscovered Country* – ist in mehrfacher Hinsicht Programm. So reich beladen mit Shakespeareschen Worten, daß selbst der hartgesottenste Fan des hochgebeamten Barden irgendwann erschöpft das Zählen aufgibt, bedient er sich hauptsächlich der englischen

Historien als Quelle seiner Zitate, jener Serie von Geschichtsdramen, die am Rande einer Jahrhundertwende entstanden und sich vorrangig mit den Problemen zwischen dem Individuum und der Gesellschaft unter dem gewaltigen Druck einer erbarmungslos davongaloppierenden Zeit und großer politischer und ideologischer Umwälzungen auseinandersetzen. Und kaum zufällig markiert dieser Film eine Umbruchsituation in der Genese von *Star Trek* selbst, nämlich den wohl endgültigen Abschied von der alten Crew. Ihr darauffolgender Leinwandauftritt in *Star Trek VII: Generations* ist durch die Präsenz der »nächsten Generation« marginalisiert, und Kirk stirbt, ein letztes Mal die Welt rettend (wie es seine Anhänger von der Produktionsfirma ertrotzt haben), seinen Medientod.

Shakespeare hatte »Jims« Flug durch die unendlichen Weiten seit dem Serienstart in den späten 60er Jahren begleitet, erst in Kurzzitaten, dann auch mit allem didaktischen Nachdruck. So präsentiert die Theatertruppe Karidian Company in *The Conscience of a King* im Rahmen eines intergalaktischen kulturellen Austauschprogramms (!) *Hamlet* an Bord der *Enterprise*, und rasch enthüllt sich, daß – wie im Stück – Schein und Sein nicht immer identisch sind. Das Spiel im Spiel verweist auf Tragik und Verbrechen, die mehr sind als theaterhafte Illusion. Der Leiter der Truppe, Anton Karidian, Darsteller des mörderischen Königs Claudius, entpuppt sich als »Kodos der Henker«, der zwanzig Jahre zuvor auf dem Planeten Tarsus IV die Macht usurpiert hatte und 4000 Menschen hinrichten ließ. Die Untaten der Vergangenheit ziehen neue Verbrechen in der Gegenwart nach sich, und erst als Kirk vom zaudernden Dänenprinzen zum resoluten John-Wayne-Verschnitt zurückmutiert, wird die moralische Luft des Alls wieder atembar.

Als Kirk stirbt, ist es Shakespeare, geboren 1564 auf einem kleinen, wäßrigen Planeten der M-Klasse, der ihn überlebt und mit der neuen *Enterprise* weiterfliegt: als Buch im Arbeitszimmer und Urlaubsgepäck Captain Picards, in diversen Episodentiteln, direkten und indirekten Zitaten, in Szenenausschnitten seiner Werke; schließlich im Geist von *The Tempest* und *A Midsummer's Night Dream*, der all die Abenteuer in von fremdartigen Mächten beherrschten Szenarien durchdringt.

Aber mit Kirk und seinem weltraumfüllenden Ego stirbt auch der extrovertierte Geist der psychedelisch bunten, alten Serie, der siegesgewiß die *final frontier* irgendwo weit draußen im All suchte und mit rauher Lässigkeit die *Prime Directive* weit hinter sich ließ. Mit ihm stirbt ein Zukunftsbegriff, der nicht länger kompatibel schien mit der Endzeitstimmung einer Gesellschaft am Rande der Jahrtausendwende, die sich ängstigt vor heraufziehenden »Dark Ages«, überwuchernden Technologien, menschenverachtenden Machtkonzentrationen und Cyberdelirien, ökologischer, spiritueller und kultureller Verödung, sozialer Vereinsamung und (immer noch) vor dem Gedanken an die eigene Sterblichkeit, ganz, als ob das *undiscover'd country* doch mehr einem Ende aller Zeiten gleichkäme als einer Zukunft voll noch unentdeckter Möglichkeiten.

Gleich zum Serienstart der neuen *Enterprise* betritt ein neuer Feind menschlichen Fortbestehens die Bühne der *Star-Trek*-Welt und stellt die dem Endzeitpessimismus angemessene Frage, welche Daseinsberechtigung der Mensch eigentlich noch besitze. Der mühselige Versuch der Beantwortung dieser unangenehmen Frage erstreckt sich strenggenommen über alle Episoden, in denen menschliche Werte in der Konfrontation mit dem Fremdartigen thematisiert werden.

Q, der hinterlistig Fragende, ist ein extradimensionales, nahezu allmächtiges Wesen mit einem theatergerechten Kostümtick. Mit einem Fingerschnipsen kann er die *Enterprise* in Galaxien schleudern, die nie ein Mensch zuvor gesehen hat, Welten kreieren, den blinden Bordingenieur sehend machen, einen pickeligen Teenie in einen athletischen Heroen verwandeln, sogar Picard seinen Urlaubsflirt ausspannen und alles vernichten, was auch immer er als wertlos, d. h. langweilig erachtet.

In der Episode *Encounter at Farpoint*, die den Auftakt zu *The*

Next Generation bildet, ist es tatsächlich der Unterhaltungswert der humanoiden Mannschaft, der sie, zusammen mit ihrer im Laufe der Handlung unter Beweis gestellten Lern- und Entwicklungsfähigkeit, vor der Vernichtung im 24. Jahrhundert bewahrt. Das Vertrauen in die zivilisationsfördernde Wirkung, die von der Entwicklung des geistigen und kreativen Potentials ausgeht, und der Glaube an die Würde des Menschen sind die gedanklichen Überreste des Humanismus der abendländischen Renaissance, die in der neuen Serie immer wieder artikuliert und untersucht werden; und häufig genug schallen denen, die an dem Wert der menschlichen Lebensformen zweifeln, ganz unverblümt die Worte des Barden entgegen: »I know my Hamlet, and what he might say with irony, I say with conviction«, so der französische Captain Picard mit dem volltönenden, bühnenbritischen Akzent der *Royal Shakespeare Company* in einer Konfrontation mit Q.[2] »What piece of work is man! How noble in reason, how infinite in faculties, in form and moving how express and admirable, in action how like an angel, in apprehension how like a god!«

Interessanterweise ist es erneut der Aspekt von Endlichkeit und Tod, der vom Originaltext zunächst subtrahiert wird, die von Hamlet beklagte »quintessence of dust«: Nicht die Ohnmacht des Menschen gegenüber seiner Sterblichkeit und die daraus resultierende Hinfälligkeit all seiner ehrgeizigen Unterfangen, sondern die »infinite faculties«: das endlose Potential menschlicher Möglichkeiten steht hier zur Diskussion. Denn letztlich gehört die Betonung von Unendlichkeiten zum grundlegenden Kommunikationsmodus des gesamten *Star-Trek*-Projektes. Endzeitgefühle finden fünfundvierzigminütige Ablenkung in den unendlichen, sternendurchwirkten Weiten des Alls.

Q, eingeführt als Prüfstein für die Überlebensberechtigung der menschlichen Rasse, avanciert zum unendlich unbequemen Fan der Humanoiden, immer auf der Suche nach gutem Entertainment und inhärenten Werten in einer Welt, die er sich kraft seiner bloßen Gedanken erheblich leichter untertan machen könnte, als es offenbar den Borg mit ihrer buchstäblich zusammengewürfelten Technologie möglich ist. So ist es denn auch kaum verwunderlich, daß selbst sein Credo dem Shakespeare-Vokabular entliehen ist. »All the galaxy's a stage«, stellt er verzückt in einer jener ungezählten Situationen (*Hide and Q,*) fest, in der er mit seinem ludischen Temperament nicht nur Picards Nerven strapaziert. So ist es auch dieser mit allen interstellaren Wassern von sämtlichen antiheldischen Makeln blankgewaschene Captain und unermüdliche Verfechter alter humanistischer Werte, der mit zusammengebissenen Zähnen und sich markant verhärtenden Gesichtszügen knurrt: »World, not galaxy, all the world's a stage.«[3] Tatsächlich hat der intergalaktische Störenfried plakativ die Dimension fehlbenannt, um die es in *Star Trek* geht: Nicht das eine oder andere Sonnensystem ist gefragt, sondern *die ganze Welt*, inklusive ihrer psychologischen und metaphysischen Ausdehnung. Die *Enterprise* startet als dramatischer Mikrokosmos mit Warpantrieb durch, während im Endresultat jeder an Bord eine Auskoppelung eines altbekannten menschlichen Makrokosmos und seiner vielen kleinen und großen Probleme darstellt. Von Episode zu Episode werden die Hindernisse und Möglichkeiten, die das (menschliche) Leben bestimmen, untersucht und sorgfältig shakespeareanisch strukturiert durch die Verflechtung von Plot und Sub-Plot. Es zeichnet sich rasch ab, daß die *final frontier* nicht mehr in irgendeiner abstrakten Ferne zu suchen ist, sondern in den Akteuren selber. In ihnen, den Handlungsträgern in jenem großen Projekt »Zukunft«, liegen die großen Barrieren, die es zu überwinden gilt, damit die abenteuerliche Reise weitergehen kann. Die Suche der *Enterprise* ist nach innen gekehrt und konzentriert sich auf den Menschen. Übergroßer Ehrgeiz und Komplexe, Familien- und Liebesprobleme, Gruppen- und Ideologiekonflikte, Identitätskrisen, blinder Gehorsam und anarchistische Triebe, Traumata und Neurosen, offenbar alles, was das Sein des Individuums als Teil eines sozialen Ganzen problematisieren kann, kommt auf die eine oder andere Weise zur Sprache und wird wohlwollend vom »Cheftherapeuten« Picard und seinem Stab von Spezialisten untersucht und weitestgehend geheilt. Der

Mensch steht immer im Mittelpunkt der Betrachtung. Selbst die Technik ist bei diesem Integrationsprozeß zum Teil des menschlichen Ganzen geworden, und auch wenn die Stimme des Bordcomputers – wie einst auf Kirks altem Schiff – dem Captain nicht länger schmachtend und gurrend entgegenseufzt,[4] so wird doch durch den Androiden Data diese bewußte Rehumanisierung sonst schwindelerregend fortgeschrittener Technologien deutlich: Der Mensch im 24. Jahrhundert ist, all seinen Ängsten des 20. Jahrhunderts zum Trotz, nicht zum freud-, willen- und witzlosen Teil eines nicht minder langweiligen Ganzen geworden, sondern seine von ihm geschaffene, ihm dienende und gleichzeitig auf ständige Perfektionierung angelegte Technologie bestätigt den Wert des menschlichen Potentials, indem sie nach der Erlebniskomplexität des humanoiden Empfindens, nach den Mysterien von Gefühlen, Humor und genuiner Kreativität strebt. Und verständlicherweise kommt auch Data irgendwann der Gedanke, dies mit Hilfe von Shakespeare zu versuchen, und so erhält der Zuschauer in *The Defector* die Gelegenheit, dem Androiden zuzusehen, wie er – nach dem Studium diverser irdischer wie außerirdischer Darsteller von Henry V. und dem Aufsetzen einer gräßlichen Perücke – sein Bestes tut, um als ziemlich blasser König zu beweisen, daß Maschinen künstlerische Kreativität wohl doch nicht in die kybernetische Wiege gelegt ist, denn er kann nur reproduzieren bzw. Reproduziertes rekombinieren. Die ausgewählte Szene jedoch, die sogenannte Williamsszene aus *Henry V* (IV. 1), in der am Vorabend einer scheinbar aussichtslosen Schlacht einfache Soldaten mit ihrem (verkleideten) König eine hitzige Diskussion über die Verantwortlichkeiten in Kriegssituationen und den Wert von Leben und Tod einzelner führen, ist der anschließenden Episode emblematisch vorangestellt und verweist noch auf weitere Aspekte der Frage nach dem Wert des Menschen. Mit einem abtrünnigen, um Asyl bittenden romulanischen General an Bord fliegt die *Enterprise* durch die »Neutrale Zone«, was einer Kampfansage gleichkommt. Die Romulaner zürnen; der Föderation droht Krieg. Wohl und Wehe diverser Zivilisationen hängen davon ab, ob der »royal captain«[5] die richtigen Entscheidungen trifft. Geleitet von Shakespeares *Henry* grübelt Picard in königlicher Sorge, ob er richtig handelt, ob er »his cause just and his quarrel honourable« bezeichnen kann, und in welcher psychischen Verfassung sich wohl seine Crew befindet. Die Verantwortung für das Schicksal von ungezählten Menschenleben auf den Schultern, das ewige Dilemma, ob die Verteidigung eines einzelnen Menschenlebens und des damit verbundenen Prinzips das Opfern vieler Leben rechtfertigt, die Frage, ob es überhaupt ›gerechte Kriege‹ gibt – all dies wird mit Hilfe des Bardentextes akzentuiert.

Wie der Tod, so ist auch die Zukunft ein »Land, von dem noch kein Reisender zurückkehrte«, und wer über eine solche Fremde diskutieren möchte, kann dies vorrangig nur mit dem Vokabular der Vergangenheit und der Gegenwart tun, um so mit dem Bekannten den Brückenschlag zum Unbekannten zu versuchen. Dies macht die Science-fiction als Gattung insgesamt traditionsverhafteter, als es mancher Kritiker oder Autor wahrhaben will. Dennoch bleibt die Beschreibung der Zukunft ihr Ziel, sei es als Land des Schreckens oder der ungeahnten Möglichkeiten. Die *Star-Trek*-Serie, an Langzeitwirkung noch unübertroffener Fernsehexponent dieser Gattung, bildet in ihren grundlegenden Erzählstrategien mit Sicherheit keine Ausnahme: Sie erzählt mit traditionellen Mitteln von ungewöhnlichen Dingen und umgekehrt. Die All-Präsenz des Herrn aus Stratford unterstreicht dabei die Tatsache, daß gerade der Drang zu neuen Welten, die noch nie ein Mensch zuvor gesehen hat, auf den Beistand verblüffend alter Werte nicht verzichten kann.

Knut Hickethier

Die Utopie der Serie

Mythen und Weltsicht im *Star-Trek*-Universum

Mythos Fernsehen

Um sich mit den Mythen in Fernsehserien bzw. dem Mythos eines Serienkomplexes wie *Star Trek* zu beschäftigen, muß man zunächst das Verhältnis von Fernsehen und Mythos bestimmen. Wenn Norbert Schneider damit recht hat, daß Mythen Geschichten der letzten Instanz, der letzten Absicherung vor dem existentiellen Absturz sind, dann hat die Religion im Zeichen der Säkularisierung viele ihrer mythischen Funktionen an andere gesellschaftliche Instanzen abgegeben.[1] Den modernen Medien als Vermittlern von Bildern und Geschichten kommt bei dieser Funktionsverschiebung besondere Bedeutung zu. Vor allem das Fernsehen als der große Geschichtenerzähler der Gegenwart hat für viele die Aufgabe übernommen, Trost zu spenden, Sinn zu stiften und Legitimationshilfe zu geben.

Die seriellen Geschichtenkreise als die umfangreichsten medialen Erzählkomplexe erwecken dank ihres Umfangs und ihrer vielfältigen Verzweigungen nicht selten den Anschein, als seien sie die eigentlichen ›großen Erzählungen‹ unserer Zeit. Beschäftigen sich diese Serien auch noch mit dem Zukünftigen, also damit, wie unsere heutige Welt einmal aussehen könnte, erscheinen sie als mythische Versprechungen, als Angebote der Vergewisserung und Orientierung. Gleichzeitig verzichten sie durch ihren Status als Unterhaltungsprodukte auf jeden Machtanspruch, der Welterklärungssystemen sonst eigen ist, stellen die Teilnahme der Zuschauer in deren Belieben und verzichten auf Sanktionen bei

Nichtteilnahme. Sie erleichtern damit dem Publikum den Einstieg und die Akzeptanz.

30 Jahre *Star Trek* bedeuten inzwischen fünf *Star-Trek*-Serien: *Raumschiff Enterprise* (TOS), *Star Trek – The Next Generation* (TNG), *Star Trek – Deep Space Nine* (DS9); *Star Trek – Voyager* (Voyager) sowie eine Animationsserie. Diese Serien verweisen außerdem auf ein auch außerhalb des Fernsehens etabliertes kulturelles Angebot der *Star-Trek*-Kinofilme, Novellisierungen der Serienfolgen im Taschenbuchformat, Bildbände, Comics, Guides, Fanzines, Computer- und Rollenspiele, Adreßbücher, Kalender, *Star-Trek*-Barbie-Puppen und anderen Produkten des Merchandising. Es ist deshalb richtiger, bei diesem intertextuellen und intermedialen Zusammenhang von einem ›kulturindustriellen Unterhaltungssystem‹ *Star Trek* zu sprechen, in dem jedoch den Fernsehserien immer noch eine zentrale Funktion zukommt, weil sie die größte Reichweite erzielen.

Star Trek stellt sich als ein selbststabilisierendes System dar: Der Erfolg der Serie führt zu ihrem Fortbestand über mehrere Jahre (als die Produzenten die Serie absetzen wollten, protestierten die Fans) und damit zur laufenden Weitererzählung dieses Geschichtenkreises. Dadurch wurde *Star Trek* zu einer Institution, der nun auch einzelne Veränderungen nur noch wenig anhaben können. Daß hinter diesem System wiederum eine Programmindustrie steht, die am Forterzählen dieses Geschichtenkosmos auch ein materielles Interesse hat, verweist darauf, daß auch Mythen von Sachwaltern am Leben erhalten werden müssen, um fortzubestehen, daß sie mithin ihre kommerziellen Priester brauchen.

Was aber haben Mythen als vorgeschichtliche Legitimations- und Welterklärungskonstrukte inhaltlich mit einem solchen kulturindustriellen Unterhaltungssystem zu tun, dessen Geschichten im Genre des Science-fiction angesiedelt und im 23. und 24. Jahrhundert zeitlich plaziert sind? Ist es überhaupt richtig, von Mythen zu reden und nicht richtiger von Utopien, weil hier von einer neuen, besseren Welt gehandelt wird?

Für den Trekker Thomas Höhl z. B. verkörpert *Star Trek* »den Traum von einer besseren Zukunft, in der es Menschen möglich ist, die Wunder des Weltalls zu erforschen«. Er sieht diesen Traum jedoch durch neue Erzählstrategien vor allem in DS9 »zerpflückt«, da die Produzenten »immer häufiger politische Ränkespielchen, Geheimdiensttätigkeiten und Waffenschiebereien einführen«. Allein die Thematisierung der Friedensfähigkeit habe »auf der ganzen Welt so unglaublich viele Menschen zu Fans gemacht«; wenn sie als zentrale Botschaft verlorengehe, bleibe »von *Star Trek* in der Tat nur reichlich naive Science-fiction übrig«.[2]

Star Trek wird von vielen Zuschauern inzwischen selbst als eine Art Mythos empfunden. In der Kritik von Höhl wird zugleich sichtbar, daß in solchen kulturindustriellen Systemen auch Potentiale entstehen können, die sich den medienindustriellen Optimierungsstrategien gegenüber subversiv oder doch zumindest resistent verhalten können. Die Nutzer und Fans beharren auf den früher einmal mit der Serie zentral gegebenen Botschaften, auch wenn diese inzwischen den Bestrebungen der Produzenten auf Anpassung an Marktinteressen widersprechen. Die Medienindustrie darf die Optimierung ihrer Produkte nicht so weit betreiben, daß die Fans das, was sie an den Serien schätzen, in den neueren Produkten nicht mehr wiederfinden.

Die »Utopie« in *Star Trek* ist nichts anderes als ein seriell eingesetztes Erzählmoment, ein Baustein im Marktkalkül der Medienindustrie, der nur so lange benutzt wird, wie er sich für die Verwertungsabsichten als brauchbar erweist. Sie ist kein Entwurf einer neuen, anderen, besseren Welt, kein alternativer Gesellschaftsentwurf, wie dies den großen Utopien von Thomas Morus bis Karl Marx eigen ist – hier wird vielmehr auf tradierte Muster zurückgegriffen, wird aus alten Mythen geschöpft.

Parallele Welten

Fernsehserien, vor allem den lang laufenden, ist unter dem Aspekt des Mythos innerhalb der Erzählmaschine Fernsehen insofern eine besondere Bedeutung beizumessen, als sie selbst den Anspruch erheben, nicht mehr – wie die Religionstexte – abgeschlossene und selbst wiederum auslegungsbedürftige Texte zu vermitteln, sondern ihre Geschichte auf eine scheinbar unmittelbare, direkte Weise darzubieten, sie sinnlich anschaulich und gegenwärtig zu erzählen und als einen scheinbar ins Endlose reichenden Geschichtenfluß anzubieten. Sie stellen eine ›parallele Welt‹ her, in die sich die Zuschauer beständig einklinken und die sie zu einem Teil ihrer eigenen Lebenswelt machen können, indem sie regelmäßig am Fortgang der Geschichten partizipieren. Dem Zuschauen kommt dabei – und das belegen viele Rezeptionsstudien zum Serien-Sehen – oft ein ritueller Charakter zu. Serien-Schauen kann einen liturgischen Charakter annehmen. Zelebriert wird eine Teilhabe an einer anderen, für besser gehaltenen, erlebnisreicheren Welt.

Langlaufende Serien erzeugen Kult-Gemeinden. Dies gilt nicht nur für *Star Trek*, sondern auch bereits für ganz im Diesseitigen wurzelnde Serien wie zum Beispiel die *Lindenstraße*. Serien bilden so etwas wie einen in sich abgeschlossenen Kosmos, der Geborgenheit stiftet, Überschaubarkeit suggeriert, einfache Zusammenhänge durch Hierarchien und Kausalitäten herstellt, auch klare Botschaften liefert.

Serien liefern gerade bei großer Folgenzahl einen Anschein von Vielfalt und damit den Anschein komplexer Wirklichkeit. Sie erwecken aber zugleich den Eindruck von Übersichtlichkeit, weil in diesem Kosmos alle Vielfältigkeit ihre widerspruchsfreie Ordnung hat, weil sie in einfache Geschichten gegliedert sind, und weil man – wenn man nur lange genug zuschaut – die Möglichkeit hat, irgendwann einmal alle Geschichten erfahren zu haben. Je mehr der einzelne Zuschauer von diesem Geschichtenkosmos kennt, desto eher fühlt er sich dieser Welt zugehörig.

Innerhalb des Geschichtenerzählers Fernsehen haben Serien die Funktion des kulturellen Forums, das den Zuschauern Einblicke in andere Lebensbereiche und Verhaltensweisen bietet, die ihnen aus dem alltäglichen Lebenszusammenhang sonst nicht zugänglich sind.[3] Die auf diesem Forum zur Diskussion gestellten Verhaltensweisen dienen dazu, in den laufenden Modernisierungsprozessen der Gesellschaft ständig erneut die Angemessenheit von Verhaltensweisen, Anschauungen und Werten zu überprüfen; sie betreiben also letztlich Modellierungsarbeit auf einer ›unterhaltenden‹ Ebene.[4]

In diesem Prozeß der Modellierung des Verhaltens ist es nicht erforderlich, daß das Ambiente der Serien in der Gegenwart der Zuschauer angesiedelt ist. Im Gegenteil: Die Wahl nicht-gegenwärtiger Szenerien schafft eine für die einzelnen Zuschauer ›optimierende‹ Disposition: Über bestimmte vertraute Genrebestandteile (z. B. Forsthaus-Milieu, Arzt-Milieu, Western-Milieu usf.) wird ein positiv besetztes Ambiente etabliert, das den in den einzelnen Geschichten thematisierten aktuellen Problemen und Interaktionsmustern zwischen den Figuren einen Rahmen gibt. Gerade die Einstimmung auf ›moderne‹, d. h. den jeweiligen epochalen Erfordernissen der Gesellschaft entsprechende Verhaltensweisen wird dort erleichtert, wo das Ambiente mit der Moderne gar nichts zu tun hat.

Selbst wenn in solchen Milieus traditionelle Verhaltensweisen wie z. B. Autoritätsfixierung, patriarchales Denken etc. propagiert werden, zeigen die Serien diese in abgeschwächter Form und dienen damit der Modifikation realer Verhaltensmuster. Deutlich läßt sich dies an den in den amerikanischen Serien der sechziger und siebziger Jahren angebotenen Verhaltensweisen erkennen, an *Bonanza* und den an dieser Serie anschließenden Familien-Westernserien, ebenso an den Krimiserien wie z. B. *Tennisschläger und Kanonen* usf.[5]

Auch *Star Trek* bildet in diesem Sinne eine Art ›kulturelles Forum‹, wobei die Science-fiction-Welt sich als ein ›modernes‹, ›zukunftszugewandtes‹ Milieu darstellt (oder doch von vielen Zuschauern so verstanden wird). Regelmäßig wird in den *Star-Trek*-Guides und -Fanzines darauf verwiesen, daß vieles von diesem Zukünftigen bereits heute schon angelegt sei, ja, daß man auf dem Wege zur Realisierung dessen sei, was in der Fiktion entfaltet wird. Ebenso werden von vielen Zuschauern (so ist es jedenfalls den Fanzines zu entnehmen) Handlungsentwürfe und darin thematisierte Verhaltensweisen (Friedfertigkeit, Selbständigkeit fördern, Freiheit ermöglichen, Aggressionen ausschalten usf.) als Verhaltensanweisungen verstanden, die auch heute schon gelten und die die Zukunft bestimmen sollen. *Star Trek* erscheint deshalb vielen Fans als Schule für eine bessere Welt, und vor allem hartnäckige Fans bemühen sich darum, ihre Mitmenschen zu missionieren und sie zum *Star-Trek*-Universum zu bekehren.

Kohärenz der Serienwelten

Die Kohärenz des *Star-Trek*-Universums entsteht durch die von den Zuschauern zu akzeptierenden Rahmenbildungen (›frames‹), die durch die Narration selbst, durch die Prämissen des seriellen Erzählens und die Plots vorgegeben werden. Indem erzählt wird, wird ein Zusammenhang gestiftet.[6] Grundbestandteil ist dabei die Dramaturgie einer Folgenhandlung, die eine dramatisch gestaltete Einheit von Exposition, Höhepunkten und Schluß stiftet und alle Bestandteile zueinander in Beziehung setzt und als kohärent behauptet. Zwischen den einzelnen Folgen besteht nur ein loser, oft gar kein Zusammenhang. Das erlaubt, verwertungsbezogen die Reihenfolge der einzelnen Folgen in der Ausstrahlung nach Bedarf zu variieren, und entspricht dem Modell der Serie mit abgeschlossenen Folgenhandlungen, wie es in den sechziger Jahren üblich war.[7] Fortsetzungsmotive (auch Rückverweise) wurden in die späteren Serien deutlicher integriert und durch den Fortbestand von Konfliktlinien mit den Gegnern der Föderation (z. B. den Romulanern und den Klingonen) gesichert.

Die Kohärenz wird auch dadurch gesichert, daß das Handlungsmodell einem Grundschema seriellen Erzählens folgt: Die Mannschaft der *Enterprise* (hier die ›Kernmannschaft‹ auf der Brücke) bildet eine personelle Konstante, die nicht mehr exponiert werden muß, auch wenn gelegentlich Details der Figurenbiographien und ihrer Vorgeschichten nachgereicht werden. Diese über die einzelnen Folgen hinweg konstant gehaltene Gruppe weist in ihrer figuralen Ausstattung eine gewisse Variationsbreite auf, die wiederum verschiedene Kombinationen und Interaktionen innerhalb der Kerngruppe ermöglicht. Dem Publikum sind ihre Mitglieder bald vertraut, für das Handlungsgeschehen bilden sie mit ihrem akzeptierbaren Verhalten einen Pol der Verläßlichkeit und der Orientierung.

Die geordnete Harmonie in dieser Gruppe (und damit im Raumschiff und damit wiederum in der bestehenden Welt) wird von Folge zu Folge erneut durch hinzukommende Figuren, Aggressoren oder Ereignisse gestört, Störungen, die im Verlauf der Folge beseitigt werden müssen: Der feindliche Angriff muß abgewehrt, die Bedrohung einer Kolonie, zu der das Raumschiff gerufen wird, muß ausgeschaltet, gegen eine Infektion durch Viren oder Bakterien muß ein Gegenmittel gefunden werden usf. Erst indem die Störung beseitigt wird, eine Gefahr erkannt und gebannt ist, stellt sich wieder der alte Zustand der Harmonie her. Eine weitere ›Mission‹ des Raumschiffs schreibt sich damit in die ›Geschichte‹ des *Star-Trek*-Universums ein.

Dieses Modell von ›Harmonie-Störung-Harmonie‹ schafft Anschlußstellen zwischen den Serienfolgen und garantiert damit den Fortbestand der Serie ad infinitum. Es erzeugt eine strukturelle Gewißheit über den Fortbestand dieses Universums. Darin formuliert sich die ›Botschaft‹ der Serie: Solange es diese Serie gibt, wird es dieses Universum geben.

Solch ein kulturelles Erzählsystem stellt aufgrund seiner Storylinien und Rahmenbildungen ein eher statisches Gebilde dar, dessen Variationsmöglichkeiten sich in seiner Fortschreibung von Folge zu Folge dadurch reduzieren, daß sich die in ihm eingeschriebenen Kombinationen aufbrauchen. Der Gefahr einer solchen schleichenden Erschöpfung hat *Star Trek* auf eine relativ ›elegante‹ Weise umgangen, indem verschiedene ›Generationen‹ von *Star Trek* kreiert wurden, die durch ein jeweils geändertes Set und ein neues Stammpersonal grundsätzliche Veränderungen ermöglichen.

Damit die verschiedenen *Star-Trek*-Serien nicht völlig auseinanderdriften, bedarf es einiger Grundessentials, die allen Teilserien gemeinsam sind. Sie bilden den eigentlichen Kern der *Star-Trek*-Kohärenz. Vieles von der Kritik, die in den Fanzines an der Ausgestaltung der Serien, vor allem auch an den Übergängen zwischen den Teilserien, zu lesen ist, bezieht sich auf das Einklagen einer dichteren Kohärenz, die gerade die Fans in besonderer Weise deshalb vermissen, weil in der Verwertungsmaschine Fernsehen alle Seriengenerationen auch nebeneinander zu sehen sind, sich also eine Binnenkonkurrenz der *Star-Trek*-Teilwelten präsentiert.

Interaktivität

Langlaufende Serien mit ihrer aufgebauten ›parallelen Welt‹ sind jedoch nicht eindimensional, sondern bieten unterschiedliche Formen der Rezeption, des Sich-Einfindens und der Ankoppelung an verschiedene Protagonisten, der Parteinahme und des Fort- und Weitererzählens, aber auch der eher distanzhaltenden Rezeption, also der Aufnahme der Serie als reine ›Erfindung‹, als Autorenkreation und als phantasiegelenktes Spiel mit dem Mythos.

Star Trek als kulturindustrielles System umschließt auch eine Rezeption der über die Serien hinausgehenden Angebote. Gerade aus diesem Systemcharakter speist sich für viele Fans die Faszination dieses Angebots. Das als kohärente Welt erscheinende *Star-Trek*-Universum erlaubt, sich intensiv auf diese Welt einzulassen, sich in ihr scheinbar selbsttätig zu bewegen und aktiv zu werden. Es verlockt offenbar, in diesem Kosmos nicht nur nach möglichen Unstimmigkeiten zu fahnden, sondern auch an der Ausgestaltung der Figuren Kritik zu üben, sich auf die Seite einzelner Protagonisten zu schlagen, alles über diese zu sammeln, ihre Biographien zusammenzustellen, in anderen Medienprodukten nach ähnlichen Motiven zu fahnden, Parodien aufzustöbern, dann aber auch Clubs zu gründen und sich in Fanzines über das gemeinsame Objekt der Begierde zu verständigen, sich einerseits weltweit im Internet zu etablieren und andererseits lokale »Conventions« (»Cons«), möglichst in Anwesenheit von Darstellern durchzuführen. Es bringt Fans dazu, selbst *Star-Trek*-Geschichten zu schreiben und Situationen zu zeichnen, Raumschiffmodelle zu entwerfen, Probleme des Antriebs und der Gestaltwandlungen zu erörtern, *Star-Trek*-Computerspiele und Rollenspiele mit den *Star-Trek*-Karten (›Star Trek: VCR Board Game‹ und ›Star Trek: The Next Generation Customizable Card Game‹ – CCG) zu spielen. Ja, die echten Trekker tragen *Star-Trek*-Kleidung und -Abzeichen, legen sich zum Schlafen in *Star-Trek*-Bettwäsche und lassen sich von einem *Star-Trek*-Wecker wecken. Und vieles andere mehr.

Die Skala der Fan-Aktivitäten reicht von der möglichen Ankoppelung und Identifikation mit einzelnen Protagonisten bis zum eigenen interaktiven Eingreifen in diesen Kosmos. So hat ein Trekker z. B. seinen Standpunkt zu den Cardassianern oder Klingonen, er weiß, ob die Borgs, die Romulaner oder gar Q seine Lieblingsbösewichte darstellen.

Dabei handelt es sich allerdings nicht wirklich um ein interaktives System, weil der eigentliche, die Fans stimulierende Kosmos den Veränderungen seitens der Fans letztlich entzogen bleibt. Etabliert wird ein Spezialdiskurs der Fans untereinander und zwischen ihnen und der Medienindustrie, wobei sich als Diskursforen nicht nur die Clubs, »Cons« und Fanzines wie »Trek World« anbieten, sondern auch die Verlage wie z. B. der Heyne-Verlag, der in der deutschen Aufbereitung des *Star-Trek*-Universums eine dominante Rolle spielt.

Interaktiv sind letztlich nur die Fan-Systeme selbst, die sich an die massenmedialen Produkte ankoppeln. In dieser oft familiären

Struktur, in der Stiftung sozialer Gemeinschaften, die sich mit einem thematischen Zusammenhang, eben der Diskussion des *Star-Trek*-Kosmos beschäftigen, liegt der soziale Kern für die Attraktivität dieses kulturindustriellen Angebots. Sie bildet auch den Rahmen für das ständige Spiel mit den vielfältigen kulturindustriellen Angeboten, die einerseits Anlaß und Stoff für das soziale Miteinander der Fans bilden, andererseits auch unabhängig davon als ein zur Interaktivität reizendes Angebot genutzt werden können.

Diese potentielle Interaktivität macht *Star Trek* so beliebt. Sie wird nicht nur durch externe Anreicherungen einer Merchandising-Industrie erzeugt, sondern ist strukturell in der *Star-Trek*-Welt selbst angelegt, weil in der Serie zwar wissenschaftlich-technische und dramaturgisch-erzählerische Motive der Gegenwart aufgegriffen werden, aber notwendigerweise in diesem Kosmos auch viele Leerstellen enthalten sind, die von den Zuschauern bzw. Lesern mit eigener Phantasie aufgefüllt werden müssen und zum eigenen Fabulieren herausfordern. Zahlreiche futuristische Möglichkeiten werden in den Serien zwar durch eine Reihe von Techniken geschaffen, die auch bereits mit eigenen Bezeichnungen versehen sind, deren Beschreibung aber bewußt knapp gehalten sind bzw. durch filmische *special effects* und durch *digital imaging* erzeugt werden, ohne daß sie erklärt werden. Hier kann der Trekker seinen eigenen Interpretationen und Aktivitäten freien Lauf lassen, weil er nicht wie bei vielen anderen langlaufenden Serien durch das Gebot des realistischen Anscheins gebremst wird. Gefordert ist nur – und das wird von den Fans in den Fanzines immer wieder erörtert – das Einhalten des Plausibilitätsgebots im Rahmen des *Star-Trek*-Kosmos. Gleichwohl entzünden sich zahlreiche Diskussionen an Details, die einem Außenstehenden eher befremdlich erscheinen. So beschäftigte die Fan-Gemeinde die Frage, ob Captain Picard seinen Vorgänger Kirk tatsächlich unter einem Steinhügel begraben hat und ob dieser Hügel nicht angesichts der Bedeutung Kirks zu klein geraten sei.

Daß sich die Trekkies als eine eingeschworene Gemeinschaft verstehen, liegt auf der Hand, vor allem, wenn sie die Geringschätzung der Nichttrekkies erfahren. Als RTL 2 im Rahmen seines Kinderprogramms 1995 eine Parodie (»Star Dreck«) ausstrahlte, sahen Fans dies als eine »unbeschreibliche Beleidigung für die Ideale und Inhalte von *Star Trek*« an.[8] *Star Trek* gilt vielen Fans eben nicht als ein Unterhaltungsprodukt, sondern als ein »Weg für die Zukunft«, als »ein Ziel, auf das man zuarbeiten sollte«, als »ein Lebensziel«,[9] und so ist es auch nicht erstaunlich, daß es schon die ersten Ratgeber gibt, die den Trekkies Lebensweisheiten der *Star-Trek*-Welt anbieten.[10] Ob sich aber das *Star-Trek*-Universum mit seiner Botschaft der Friedfertigkeit, des Nichteinmischens in andere Kulturen und der angeblichen Toleranz (sie setzt in der Serie immer die Anpassung an menschliche Werte voraus) tatsächlich auf das Verhalten der Trekker in ihrer alltäglichen, multikulturellen Umwelt überträgt, ist offen.

Standardisierung

Innerhalb des Serienschemas, das für die Folgenkonstruktion und Folgenverknüpfung zuständig ist, fällt auf, daß *Star Trek* durch relativ konventionelle Inszenierungsformen und Erzählmuster bestimmt wird. Die Serie ist eher dialog- und damit wort- denn bildbestimmt. Dialoge werden häufig in konventionellen Schuß-Gegenschuß-Einstellungen ausgeführt, Nahaufnahmen der ›redenden Köpfe‹ bestimmen die Auseinandersetzungen. Die Einstellungsführung ist an den traditionellen Mustern ausgerichtet. Fast immer etabliert ein *establishing shot* die Szene, und die Zuschauer werden dann durch Einstellungsfolgen, Zooms oder Fahrten an die Auseinandersetzung zwischen den Figuren herangeführt. Diese Konventionalität des filmerzählerischen Rahmens fördert einen problemlosen Einstieg der Zuschauer und erlaubt diesen, sich ganz auf die Ausgestaltung dieser alternativen Welt zu konzentrieren.

Ebenso wird der Geschichtenaufbau von den Konventionen des Hollywood-Films geprägt und folgt relativ stur dem Schema von (knapper) Exposition, raschen Steigerungen (Wendepunkten), Höhepunkt und Schluß. Der Spannungsaufbau ist häufig am Prinzip des *last minute rescue* orientiert. Der Zuschauer soll bis zum Ende in Atem gehalten werden. Übersicht und Verständlichkeit bleiben auf der Ebene des Erzählens immer gewahrt. Daß sich das Fremde auch als Rätselhaftes, Nichtauflösbares, Unverstehbares zeigen könnte, ist *Star Trek* fremd. Daß alles im konventionellen Rahmen erzählbar und damit auch irgendwie verstehbar ist, das genau ist die frohe Botschaft der Serie.

Bedrohungen zeigen sich als relativ einfache Erscheinungen: heranrasende Kampfschiffe, aus der Bahn geratene Asteroiden, taumelnde Planeten, gestaltwandelnde Nebel, Plasmawolken, Strahlungen bzw. als Verwirrungen der Psyche und des Bewußtseins der *Star-Trek*-Mannschaft, von Kolonisten, Forschergruppen etc. sowie als Destruktion der biologischen Systeme. Hier erweist sich immer als vorteilhaft, daß einige Mitglieder der *Enterprise* aus anderen Galaxien stammen (Spock, Worf u.a.), so daß sich aufgrund der ›multikulturellen‹ Zusammensetzung der Crew sich immer auch unverhoffte Rettungspotentiale ergeben.

Das Fremde, dessen Existenz immer wieder in ein Verhältnis zum Vertrauten gesetzt wird, soll entweder vernichtet oder domestiziert werden. Die Assimilation der Borg ist z.B. ein solches Vorhaben. Sie soll dadurch geschehen, daß dem Kollektivbewußtsein der Borg durch den verletzten und geheilten Hugh (einen gewandelten Borg) ein Individualbewußtsein untergeschoben wird, das die Borg in Verwirrung und ins Chaos stürzt.

Die Botschaft von *Star Trek* heißt immer wieder, daß die beste aller Welten und Gesellschaften die der Menschen mit ihren tradierten Werten ist. Nicht nur das Böse an sich stellt die immer von außen kommende Gefahr dar, sondern gerade auch das die Gestalt Wandelnde. »Changelings«, so die serieninterne Bezeichnung dieser Wesen, stellen eine Bedrohung dar, weil sie sich der Erfaßbarkeit immer wieder entziehen. Umgekehrt ist alles, was eine klare Gestalt besitzt und sichtbar wird, auch der Bearbeitung zugänglich, kann also entweder befriedet oder zerstört werden.

Die dadurch hergestellte achsiale Balance zwischen der konstanten Kerngruppe als Vertreter menschlicher Werte und den jeweils neu hinzutretenden, von außen kommenden Bedrohungen, die bekämpft werden müssen, bildet das Grundprinzip der einzelnen Folgen. Auch in *Star Trek* gilt das alte Serienprinzip, daß die Gewißheit über die Beständigkeit des Bestehenden eher langweilig ist, und die Faszination aus dem jeweils eindringenden Bösen und die Normen Verletzenden kommt, das jedoch immer wieder niedergekämpft wird. Die ›sozialethische‹ Dimension solcher auf Bestätigung des Status quo und Anpassung ausgerichteten strukturellen Botschaften ist offenkundig.

Das Arrangement innerhalb des Raumschiffes bestimmt auf weite Strecken die einzelnen Serienfolgen, auch damit ganz den inneren Mechanismen von Fernsehserien gehorchend, die bevorzugt die Welt in Innenräumen und damit als eine Welt im Gehäuse darstellen. Selbst eine Serie wie *Star Trek* stellt die Weiten der Galaxien, die das Raumschiff durcheilt, nur durch Chiffren dar, und die zahlreichen Techniken der sekundenschnellen Raumdurchquerung, vom *Beamen* von Personen, dem *Warpantrieb* bis zum *Wurmloch*, durch das man fast »in Nullzeit« entfernte Regionen des Alls erreichen kann, dienen nur dazu, die Raumdistanzen zu reduzieren und die Geschehensabfolge nach den Unterhaltungsregeln zu komprimieren und erzählerisch zu verdichten. Es ist dies eine televisuelle Methode der Komprimierung des erzählten Raums zu einem Erzählraum, die hier durch die verbalen Verweise auf Galaxien und durch Standardbilder des Weltraums aufgeladen wird. Das im Grunde wenig Faßliche, die riesigen Distanzen zwischen den Planeten und Sonnensystemen, werden dadurch erzählbar gemacht.

Eines der zentralen Themen ist zudem die angebliche Existenz mehrerer Welten nebeneinander. Wiederholt wird eine solche erzählte Parallelität für die Konstruktion von Geschichten ausgenutzt. Dabei spielt die dramatische Erörterung von Zeit eine wesentliche Rolle. Zeittore und -portale ermöglichen den Zugang zu vergangenen Zeiten, das Verhältnis von Zeit und »Antizeit« wird thematisiert, und Verlangsamung und Beschleunigung des Alterns sind wiederholt Motive in einzelnen Geschichten.

Intertextualität – Intermedialität

Daß sich der *Star-Trek*-Kosmos als ein intertextuelles System darstellt, das zwischen den einzelnen Folgen Zusammenhänge stiftet, ist banal, ebenso, daß es sich als kulturindustrielles System der verschiedenen Medien bedient. Interessant wird es erst dort, wo ein Verhältnis zu anderen Geschichten außerhalb des *Star-Trek*-Kosmos aufgebaut wird. Die Bezüge zu anderen Geschichtenkreisen sind offenkundig.

Zunächst gibt es zahlreiche Verwandtschaften innerhalb des Science-fiction-Genres, es liegt in der Natur von Genres selbst, daß sie mit einer begrenzten Zahl von Strukturelementen und Motiven arbeiten, so daß auch in einzelnen Konstellationen Anspielungen, Zitate, Verweise auftauchen. In *Star Trek* werden dabei Motive aus anderen populären, ›großen‹ Science-fiction-Geschichten aufgegriffen und für den Serienrahmen umgebaut und modifiziert. Es liegt auch nahe, daß man bei den Grundkonstellationen (23. Jahrhundert, ein Raumschiff reist zwischen den Galaxien) zu motivähnlichen Geschichten kommt.

Aber auch zu Geschichten außerhalb des Science-fiction-Genres bestehen Affinitäten. So ist es in den Fanzines ein häufig geübter Sport, Strukturanalogien in den Plots aufzuspüren, etwa wenn in der DS9-Folge *Profit and loss* eine Analogie zu Michael Curtiz' *Casablanca* gesehen wird.[11] Für zahlreiche weitere Plots lassen sich ähnliche Analogien feststellen.

Auffälliger noch sind die Anleihen bei mythologischen Stoffen, insbesondere in den Geschichten der griechischen Götterwelt. Einerseits ist der Bezug wiederum naheliegend – wenn die Bezeichnungen der Sternsysteme selbst zumeist griechischen Ursprungs sind, werden daraus auch Figuren und Plots entwickelt, die sich an Figuren und Episoden der griechischen Mythologie anlehnen. Vereinzelt werden auch direkt Götter aktiviert, wie z. B. Apollo in der *TOS*-Folge *Who mourns for Adonais?* Viele der in die Zukunft projizierten Fähigkeiten, etwa des Gestaltwandelns, der Bewegung durch Zeit und Raum, des ewigen Lebens, sind ja in der griechischen Mythologie selbst bereits als Eigenschaften der Götter und Heldenfiguren entfaltet. *Star Trek* greift solche Eigenschaften nur auf, amalgamiert sie im Design der technisch bestimmten Zukunft – und erzählt damit nur Vertrautes. Letztlich bilden die *Star-Trek*-Episoden Fortführungen und Aktualisierungen solcher alten Geschichten.

Eher parodistisch ist die Adaptation von Figuren und Idolkonstruktionen der modernen Medienwelten. Wenn die *Star-Trek*-Figuren durch die Konstruktion des sogenannten Holodecks verschiedene literarische und filmische Sets abrufen können, innerhalb derer sie dann als James Bond oder als Hamlet agieren, wird die ganze Kulturgeschichte zum Repertoire des *Star-Trek*-Universums. Es ist schon fast selbstironisch, wenn dann in der *TNG*-Episode *Emergence* diese Hologramme sich verwirren und im Szenario von Shakespeares *Der Sturm* eine Dampflok erscheint, sich Gangster und Westerner in die Inszenierung mischen. Die Bilder des Kinos werden in dieser Episode mit dem Motiv der künstlichen Intelligenz verbunden: Die Verwirrung der Hologramme wird dadurch erklärt, daß sich in den Programmen der *Enterprise* eine Art neuer Verknotung in den Datenströmen ergeben und verfestigt hat, aus der ein neues Wesen entsteht. Einerseits wird hier quasi narrativ die Vision von Multimedia als der digitalen Verknüpfung der verschiedenen Mediensysteme und -welten ausgesponnen. Andererseits stellt sich *Star Trek* als ein selbstreferentielles System der Medienindustrie dar, in dem die verschiedenen vorhandenen Bausteine immer wieder neu gemischt werden, mit Anspielungen auf den größeren Medienkosmos verweisen und damit im Betrachter einen gesteigerten Genuß durch das Wiedererkennen von Motivverwandtschaften erlauben.

Es geht bei solcher Storyverwertung nicht darum, daß die Produzenten der neueren Folgen vielleicht aus den älteren Stories »geklaut« hätten, also mangelnde Originalität zeigten.[12] Vielmehr liegt es in der Entwicklung solcher kulturindustriellen Systeme wie *Star Trek* selbst, daß diese, um populär zu sein und zu bleiben, bekannte Stoffe adaptieren und für ihren Kosmos zuschneiden und aufbereiten müssen, weil nur so über die latente Bekanntheit der Stoffe auch die Popularität des Gesamtsystems erhalten und damit auch der große Stoffbedarf der Serien gedeckt werden kann.

Letztlich läßt sich der Geschichtenkosmos der Medien auf wenige narrative Grundmuster zurückführen. Deren beständige Neukombination und Detailvarianz sichert einerseits die Vertrautheit des Publikums mit diesen Geschichten und über diese Redundanz auch die Unterhaltsamkeit von *Star Trek*, andererseits erlaubt die Adaption an die jeweiligen Rahmen der Serie, also hier des *Star-Trek*-Kosmos, die Variation der Grundmuster und sichert der Serie die Aufmerksamkeit: Das Publikum ist vor allem daran interessiert, *wie* diesmal die alte Geschichte von Liebe und Eifersucht, Macht und Freiheitsdrang, List und Offenheit vonstatten geht, *wie* diesmal wieder der Weg zu einem glücklichen Ausgang gefunden wird und *welche* der spezifischen Ausstattungsmittel und Spielregeln der Serie dabei einbezogen werden.

Endzeit – Jahrtausendschwelle

Im Serienangebot des Fernsehens fällt auf, daß die Zahl der Serien, die sich mit der Zukunft beschäftigen, in den letzten Jahren zugenommen hat. Dies entspricht offenbar einem angesichts der Jahrtausendschwelle gewachsenen Bedürfnis von Zuschauern, sich des Zukünftigen zu vergewissern, und sei es auf unterhaltsame Weise, von *Star Trek* bis zu *SeaQuest* und *Earth 2*.

Star Trek kommt aufgrund seines Ausbaus als eigenes kulturelles System innerhalb des Angebots eine besondere Bedeutung vor allem zum *Fin de Millenaire* zu. In dem oft nur ratlosen Blick nicht nur auf ein kommendes Jahrhundert, sondern gar auf ein kommendes Jahrtausend ist der Bedarf an Vergewisserung und Geborgenheit besonders groß. *Star Trek* als ein Diskurs- und Diskussionszusammenhang verspricht eine solche Orientierung und bleibt dabei zudem noch auf einer unterhaltenden Ebene. Es hat dabei oft den Charakter des Märchenhaften, knüpft aber auch an den gegenwärtigen Technikphantasien an, die vom Umbruch der Medienkulturen in einer Welt des Digitalen, wenig Faßbaren und von der Technologie her kaum noch Anschaulichen handeln.

Utopie und Überlebensversprechen

Star Trek vermittelt vor allem auf der strukturellen Ebene die Gewißheit, daß alles irgendwie gut ausgehen wird und die Serie als Gesamtrahmen – allen Gefährdungen durch das Fremde, das in einzelnen Folgen auftaucht, zum Trotz – weiterbestehen wird. Diese Grundgewißheit bildet die mythische Basis des *Star-Trek*-Universums, die Gewißheit, daß solange diese Serie weiterbestehen wird und solange es Fernsehen gibt, wir um den möglichen apokalyptischen Absturz herumkommen. Erst wenn es das Fernsehen und *Star Trek* nicht mehr gibt, findet der Absturz aus dieser Welt statt. Um diese durch die Serienproduktion strukturell vermittelte Gewißheit geht es den meisten Zuschauern – sie stiftet Trost angesichts einer Realität, bei deren mutmaßlicher Weiterentwicklung die Gewißheit des Fortbestehens jedoch mehr als zweifelhaft ist. Das *Star-Trek*-Universum ist also im Grunde auch eine Wunschwelt, in der sich die Fans einigeln und es sich wohl ergehen lassen können.

Die Frage nach der Utopie, gar das Einordnen von *Star Trek* in den großen abendländischen Zusammenhang der utopischen Weltentwürfe, erscheint mehr als fragwürdig. Nur weil hier eine Geschichte in einer Zukunft im 23. und 24. Jahrhundert angesiedelt wird, soll es sich um eine Utopie handeln? Nur weil hier einer Nichteinmischung in andere Welten das Wort geredet wird, nur weil in der Serie permanent von friedlichem Nebeneinander die Rede ist, soll es sich um einen großen Weltentwurf handeln? Die Kohärenz des Erzählkosmos stiftet noch keine Utopie, sie gilt für alle fortgesetzt erzählten Geschichten. Das Ambiente der Zukunft ist nicht mehr als eine bloße Kulisse, vor der Geschichten spielen, deren Grundmuster in unzähligen Folgen anderer Science-fiction-Serien sich ähnlich wiederfinden lassen. Die Serienproduktion kennt keine Geschichten, deren Grundmuster nur in einer Serie zu finden sind: Das Prinzip der seriellen Produktion ist es gerade, wieder und wieder ähnliche Geschichten zu erzählen, die gleichen Muster wieder und wieder zu variieren, sie in unterschiedliche Sets zu adaptieren, sie fortschreitend den veränderten Lebensverhältnissen und Anforderungen der Verhaltensnormen der modernen postindustriellen Gesellschaften anzupassen.

Die serielle Produktion hat ihre eigene Logik. Als Erzählmuster greift sie auch auf die utopischen Geschichten als eine Variation von Mustern zurück. Aber sie nimmt das Prinzip der Utopie nicht ernst. Sie kann es auch nicht ernst nehmen, denn was wäre ein solches utopisches Modell der Serie? Die paramilitärische Ausrichtung dieses kleinen fliegenden, durch den Weltraum gleitenden Universums? Wird das von dieser Eingreiftruppe propagierte friedliche Miteinander als ›machtgeschützte‹ Harmonie angeboten, soll diese zu einer urchristlichen Gemeinschaft oder gar zu einem sozialistischen Weltzusammenhang führen? Das alles erscheint doch mehr als fragwürdig und wenig plausibel. Der diffuse Gestus von Utopie in dieser Serie hält schon einfachen Nachfragen nicht stand.

In der Medienindustrie zählt nur, was hohe Einschaltquoten bringt, was sich gut verwerten läßt, was auf Akzeptanz stößt. Wenn dies der Schein einer Utopie möglich macht, wenn angesichts eines sonstigen Mangels an Zukunftsentwürfen und gesellschaftlichen Visionen der Schein einer besseren Welt, für die ein Unterhaltungsprodukt wirbt, für ein Publikum bereits attraktiv ist, dann wird ein solcher Schein als Zutat genutzt und als Versatzstück integriert. Essentiell ist ein solcher Utopieschein für die Serie nicht. In der Medienproduktion zählen allein die Konzepte und Konstrukte serieller Produktion. Wer deshalb vom angeblichen Utopiengehalt von *Star Trek* spricht, fällt nur auf die Verkaufsversprechen der Medienindustrie herein, nimmt die Warenästhetik für ein Welterklärungsmodell.

Star Trek funktioniert vor allem deshalb, weil es die Zukunft so ganz gegenwärtig, so durchweg bieder und konventionell darstellt: eine Welt ohne wirkliche Gefährdungen, und wenn sie doch einmal vorhanden sind, werden sie rasch domestiziert oder beseitigt. Im Grunde ist *Star Trek* eine kleinbürgerliche Variante der großen Erzählungen der Science-fiction. Der Zuschauer wird nicht derart beunruhigt, daß er – außerhalb der Fiktion – über die möglichen Gefährdungen der Zukunft nachdenkt und in der Realität etwas ändern möchte. Er wird vom *Star-Trek*-Universum immer nur auf dieses selbst zurückverwiesen.

Reiner Matzker
Die Reise ins Paradies

Säkularisierte Religiosität am Beispiel *Star Trek*

»Beam me up, Scotty!«
(Todesanzeige. *Der Tagesspiegel*, März 1996)

Die Serie *Star Trek* ist wegen ihres großen und schließlich auch
finanziellen Erfolges in den wissenschaftlichen und journalisti-
schen Medien immer wieder als ein äußerst bemerkenswertes
kulturindustrielles Phänomen aufgefaßt worden. Der Stoff wurde
bisher achtmal verfilmt. Und die große Zahl der Fans und Fangemeinden, die sich um dieses Phänomen geschart haben, hat die
Vermutung nahegelegt, daß vielleicht auch religiöse Implikatio-
nen den Riesenerfolg der Serie erklären. Für viele sei der Mythos
zum Religionsersatz geworden, hieß es, und schon im kommenden Jahrhundert könnten die mächtigsten Religionsgemeinschaf-
ten jene sein, welche die Botschaften alter Fernsehserien verkün-
den.[1] Viele vorwiegend amerikanische Studien haben sich
demzufolge mit religiösen Aspekten der Serie und der Science-
fiction-Welten beschäftigt. Ethnographisch-anthropologische Studien zur *Star-Trek*-Fangemeinde wurden durchgeführt oder gar
die Archetypenlehre C. G. Jungs als Grundlage zur Erklärung des
Serienerfolgs benutzt.[2]

Wiederholt wurde die Frage nach dem Mythos der Serie oder –
damit verbunden – der Mythisierungsfunktion von Kino und
Fernsehen gestellt. Der Mythos als die Geschichte vom verlore-
nen Paradies, von der melancholischen Suche nach Sinn, Identität und einer neuen Welt, sollte die religiöse Problematik der Er-
folgsserie verdeutlichen. Sie wurde als Teil einer – vielleicht auch

mißglückten – populärkulturellen Form der Säkularisierung begriffen. Die Fernsehserie und auch die daraus entwickelten Spielfilme mit ihrem zwischen Seifenoper und Mysterienspiel changierenden Charakter verwiesen auf Restformen einer zunehmend aus dem öffentlichen Leben zurückgedrängten Religion.

Säkularisierung wird allgemein als die Verweltlichung religiöser Bereiche begriffen, als die profane Vereinnahmung sakraler Sphären. Im sogenannten nachmetaphysischen Zeitalter, speziell im 19. Jahrhundert, veränderte sich der allgemeine Zugang zu einem religiös-geistlichen Sinn. Industrialisierung und technischer Fortschritt und die zugleich von Philosophen und Naturwissenschaftlern forcierte Entzauberung der religiösen Dimension konfrontiert das einzelne Subjekt zunehmend mit Gefühlen der Verdinglichung und Entfremdung. Verlorengehende objektive religiöse Sinnzusammenhänge und Ideale steigern irrationale Sehnsüchte wie Ängste.

Kennzeichnend für die Suche nach der Zuflucht vor der Krise war bereits im 19. Jahrhundert das Interesse an Geisterreichen und anderen Welten. Das abenteuernde Bewußtsein nahm Zugriff auf eine von den gegenwärtigen Verhältnissen abstrahierte Dimension. Wo die Religion durch neue wissenschaftliche Einsichten zunehmend als unfundiert erscheint oder auch als fortschrittshinderlich, wird sie in vielen Fällen ersetzt durch die Praktiken von Logen, Geheimgesellschaften oder pararreligiösen Bewegungen. Im Jahre 1848 stellten Mitglieder der Familie John D. Fox in Hydesville, New York, indem sie auf mysteriöse Klopfgeräusche reagierten, erste »physikalisch-technische« Kontakte zu einem vermeintlichen Geisterreich her, dessen Existenz im quasiwissenschaftlichen Experiment nachgewiesen werden sollte. Karl du Prel hatte in seinen *Studien aus dem Gebiete der Geheimwissenschaft* auf derartige Experimente hingewiesen, auf »elektromagnetische Spezialfälle«, »Transfigurationen« etc. Noch lange vor ihm hatten Vertreter der phantastischen Literatur wie E. T. A. Hoffmann, Edgar Allan Poe oder Mary W. Shelley in ihren Texten spiritistische Erfahrungen beschrieben und die Verselbständigung des Geistes in lebendigen Toten oder Automaten literarisch befürchtet. Sie rückten Geisterreiche und Metasphären ins Zentrum ihrer Literatur, welche bei genauer Betrachtung bereits etwas mit den virtuellen Räumen heutiger Computer-Netzwerke, aber eben auch mit Science-fiction-Welten und dem *Star-Trek*-Szenarium zu tun haben. Suchen die Abenteurer und Eroberer in den entsprechenden Genreromanen des ausgehenden 19. und frühen 20. Jahrhunderts gewissermaßen das Paradies auf Erden noch in der geographischen Umgebung (vgl. u. a. Joseph Conrad), so bildete sich in den Fiktionalisierungen der Abenteurer des Geistes bereits eine andere utopische Version dieses Aufbruchs in das Paradies.

Genauer betrachtet, verlängert die Serie *Star Trek* die religiösen Motive der frühen amerikanischen Kolonisten. Die Rede von den Serienhelden als Space-Cowboys und der Hinweis des Autors Gene Roddenberry auf die damalige Vorbildfunktion der populären Westernserie *Wagon Train* mögen dies verdeutlichen. »The FORMAT is ›Wagon Train to the Stars‹«, formulierte Roddenberry in seinem Exposé zur Serie, »built around characters who travel to other worlds and meet the jeopardy and adventure which become our stories.« Eine schlichte topographische Erweiterung: Wo in *Wagon Train* wie bei Karl May die Abenteuer in riesigen, von Indianern beherrschten Prärien und endlosen Wüsten stattfinden, hat *Star Trek* sie um die Überwindung einer weiteren Grenze zum Paradies in das Universum verlegt. In der Weite des endlosen, von unbekannten Lebensformen bewohnten Alls setzt sich nunmehr die Eroberung der »Neuen Welt« fort. Es ist eine Eroberung, die sich von alten Werten und Strukturen zu distanzieren hofft, womöglich eine radikale »renovatio«, ein Interesse an einem völlig veränderten Zustand oder einem totalen Neubeginn.

Der Religionswissenschaftler Mircea Eliade sieht in seinem Buch *The Quest* die religiösen Ursprünge des »American Way of Life« in der heilsversprechenden Millenium-Bewegung erster Einwanderer. Durch sie würden die Kulte der Jugend und des Neuen wie der typisch amerikanische Optimismus erst verständlich. Die Hoffnung auf ein neues Leben, die sich auch in Städtenamen wie Neu-York und Neu-Haven ausdrückt, prägt die Erwartungen der puritanischen Siedler an eine selige Zukunft, wo sich urchristliche Vollkommenheit noch einmal erfüllt. »Uranfänge« sollen gesetzt werden. Alles sollte anders werden als im untergehenden Europa. Von Amerika aus sollte sich die christliche Welt regenerieren. Dies hatte man schon zu Zeiten von Kolumbus erhofft. Die Kolonisierung des amerikanischen Kontinents begann unter eschatologischen Vorzeichen. Der Drang der Pioniere nach Westen, so Eliade, habe nur den »Triumphmarsch« der Weisheit von Ost nach West fortgesetzt. Unter ebenfalls zukunftsweisenden, welterneuernden Perspektiven scheint dieser Triumphzug in den Science-fiction-Phantasien nunmehr in den Sternenhimmel verlegt. Der Weg nach Westen verliert sich, der Sonnenbahn folgend, in den labyrinthischen Weiten des Alls.

Der technische Fortschritt des 19. und 20. Jahrhunderts hat die futurologischen Phantasien auf dem Weg in andere, neue Dimensionen letztlich aber auch in eine ganz andere Richtung beflügelt. Heute schon fast vergessen, gilt die erste Landung eines Menschen auf dem Mond als die bisherige »Spitzenleistung der wissenschaftlich-technischen Moderne« (Hermann Timm in: *Zwischenfälle*). Zum ersten Mal war die Erde in ihrer ganzen Pracht von der Kargheit des Mondes aus zu betrachten. Mit der Kamera hatte der erste Mann auf dem Mond den Anblick jenes wunderbaren, um die Sonne kreisenden Planeten festgehalten. Damit hatte sich, womöglich unbemerkt, eine von jenem wissenschaftlich-technischen »Höhenflug« nicht zu trennende technologische Perspektive ins Bild gesetzt: Was Photographie, Telegraphie und Kinematographie im 19. Jahrhundert bereits anzeigten, wurde u. a. in diesen vom Mond aus photographierten Bildern erneut gegenwärtig, nämlich die technische Verlängerung menschlicher Wahrnehmung bis hin zu Einsichten aus kosmischer Perspektive. Heute kommen noch die synthetischen, elektronisch erzeugten »Welträume« hinzu, von denen die gelebte Wirklichkeit sich mehr und mehr beeinflußt zeigt.

Zwar figuriert *Star Trek* deutlich als eine »outer-space«-Serie. Sie nimmt aber die innerweltlichen Tendenzen der elektronischen Industrie, das Interesse an sogenannten virtuellen Realitäten oder dem »Cyberspace«, durchaus ernst. Dies wird u. a. im »entertainment center« der *Enterprise* oder beim Einsatz der »projecting unit« und der »photographing unit« (gemeint sind die Unterhaltungseinrichtungen des Raumschiffes) deutlich. Kommunikation und Medienunterhaltung der Zukunft sind nicht nur auf Bildschirme und Leinwände angewiesen. Sie ereignen sich »holographisch« in der dritten Dimension. Eine »Story« beispielsweise entwickelt sich im ganzen »Center«. Die Betrachter sind in sie einbezogen. Die Wirklichkeit scheint überschritten wie bei William Gibson in *Newromancer*.

Doch in den wie auch immer eindrucksvollen Fiktionalisierungen der Medien, in symbolischen oder metaphorischen Realitäten, bleiben oftmals gerade die überkommenen Strukturen und Sehnsüchte erhalten. Auch bei *Star Trek* wird kaum etwas anderes als ein medial verlängerter und in den Weltraum verlagerter Prozeß millenischer Säkularisierung deutlich. Die alte Gläubigkeit der Siedler-Missionare wie die frühe amerikanische Idee einer fortschreitenden und ununterbrochenen Weltverbesserung und Menschheitserneuerung haben sich in die Serie hinübergerettet. So wie heutige Reklame- und Unterhaltungsprodukte noch immer Ursprungssehnsüchte und paradiesische Vorstellungen anrühren, dringt das Raumschiff *Enterprise* auf der Suche nach letzten Geheimnissen und Erkenntnissen über die kosmische Herkunft in fremde, nie gesehene und ebenso neue wie vertraute (Kunst-)Welten vor.

Das mag einen Teil der von *Star Trek* ausgehenden Faszination erklären. Zukunftsängste finden sich zugleich durch die Idee des ununterbrochenen Fortschritts und eine positive Perspektive beruhigt. Unaufhörlich arbeitet der Fortschritt dem Paradies entgegen. Das Vertrauen in Wissenschaft, Technik und den menschlichen Geist beseitigt die Krisenvorstellungen, ähnlich wie von Folge zu Folge entscheidende Störfaktoren aufgehoben werden und das Sicherheitssystem in Funktion gehalten wird. Letzteres, der über allem waltende Apparat, um dessen Erhaltung und Wirksamkeit die einzelnen sich bemühen, erscheint als das religiöse Subjekt der *Star-Trek*-Serie.

Die Menschen zeigen sich befähigt, ihre Zukunft zu kontrollieren, ihr Schicksal selbst zu bestimmen. Die Hochtechnologie ermöglicht die ununterbrochene Steuerung und Regelung der Verhältnisse. Vorschriftsmäßiges Handeln bestimmt die Besatzung. Im »Sicherheitscomputerlogbuch« oder in »Kommunikationsaufzeichnungen« wird darüber Rechenschaft abgelegt. Das System funktioniert, wie dies amerikanische Futurologen der künstlichen Intelligenz den Computersystemen der Zukunft voraussagen. Der Computer setzt als Übersubjekt seine Evolution fort. Er rettet die Menschen in einer erdrückend komplex gewordenen Welt. Er verkörpert die Ankunft einer Intelligenz, die jenseits des Menschen liege. Zum Computer-System der *Enterprise* gibt es in diesem Zusammenhang folgende Anmerkung: »In plötzlichen Notsituationen ist das Computer-System in der Lage, sämtliche Operationen des Schiffes zu kontrollieren. So wie seine Vorgänger aus dem 20. Jahrhundert folgt es den unabhängigen Beschlüssen seiner Programmierung. Es besitzt einige recht exotische Fähigkeiten. Wenn es nicht in bestimmten Fällen von einem höheren Offizier auf bekannte Weise ›übergangen‹ wird, verhindert es automatisch Navigations-, Abwehr- und andere Maßnahmen, die gefährlich werden oder zu Irrtümern führen könnten.«[3]

Erst das System, der Apparat, ermöglicht die vorgeblich humanistische Philosophie, die Gene Roddenberry, der ursprüngliche *Star-Trek*-Autor, seiner Serie bescheinigt. Zwar hob der ehemalige Airforce-Kampfflieger, spätere Pan-Am-Pilot und Polizist stets seine demokratische und kritische Einstellung hervor. Er habe nach einem Weg gesucht, das »schrecklich empfindliche« und konservative Fernsehen in den Vereinigten Staaten zu hintergehen – etwa wie Jonathan Swift in *Gullivers Reisen* seine Botschaft nach Liliput verlegte. Man könne in der Science-fiction tatsächlich wunderbare Kommentare abgeben und sich jeden möglichen Ort, jede Situation und jede Wirtschaftsform ausdenken und z. B. Aussagen machen über Vietnam, Intoleranz oder eben die besseren Dinge des Lebens, an die es zu glauben lohne. Wird dann aber das in der Serie und auch in den Filmen waltende System näher betrachtet, so zeigt es sich als das bekannte und hochgehaltene System, das laut Helmut W. Banz »mit kernigen Pfadfindersprüchen über Demokratie, Ehre und den Konflikt zwischen Logik und Gefühl und einer Portion von krypto-christlichem Fundamentalismus (Eden-Mythos, Tod und Wiedergeburt)«[4] daherkommt. Peter Hoff erkannte in Film und Serie die »Handlungsklischees von Politthrillern aus fast fünfzig Jahren kalten Krieges«[5] wieder, und auch Kathrin Reisinger sah keine tatsächlich neuen politischen Vorstellungen verwirklicht. Für *Star Trek* hätten zwar schon der Physiker Stephen Hawking und der Künstler Joseph Beuys geschwärmt. Konflikte wie Vietnamkrieg, fortschreitende Automatisierung der Arbeitswelt, Überbevölkerung, Drogen oder Rassendiskriminierung würden ins 23. Jahrhundert verlegt und die Swinging Sixties entsprechend psychedelisch inszeniert. Doch letztlich bewege sich die *Enterprise* bei aller Liberalität immer im Rahmen der Grundsätze der amerikanischen Verfassung.[6]

So zeigt sich *Star Trek* bei allen politisch-liberalen Intentionen auf eine merkwürdige – der Science-fiction-Literatur allgemein möglicherweise seit jeher eigene – Dynamik verwiesen. Film und Serie reagieren eben auf die gesellschaftlich bereits vorhandene Konstitutionsform und sind – wie jenes von einigen Vertretern der Künstlichen Intelligenz noch heute animierte Übersubjekt – auch Ausdruck der Ohnmacht gegenüber einer notwendigen Veränderung gesellschaftlicher Verhältnisse. Die Suche nach einer verheißungsvollen neuen Welt ist so – wie Horkheimer / Adorno es in der *Dialektik der Aufklärung* hinsichtlich der Odyssee feststellten – vielleicht doch nur die »Fluchtbahn des Subjekts vor den mythischen Mächten«. Zwar ist, späteren Abenteuergeschichten nahestehend, die Odyssee wie jene Reise, die beispielsweise Charles Marlow in Joseph Conrads Novelle *Das Herz der*

Finsternis unternimmt, eine »Sache des Fortschritts« (Conrad). Doch zeigen sich Marlow wie der umgetriebene Odysseus im Ringen mit den dunklen Ursprungsmächten letztlich von diesen gezeichnet. Auf archaisch verschlungenem Wege, irgendwie auch zufällig gesteuert durch die mit Vernunft oder List beseitigten Hindernisse, sind sie Gestalten einer schließlich an sich selbst scheiternden Identitätsbildung. Oder mit den Worten von Horkheimer/Adorno: »Odysseus, wie die Helden aller eigentlichen Romane nach ihm, wirft sich weg gleichsam, um sich zu gewinnen; die Entfremdung von der Natur, die er leistet, vollzieht sich in der Preisgabe an die Natur, mit der er in jedem Abenteuer sich mißt, und ironisch triumphiert die Unerbittliche, der er befiehlt, indem er als Unerbittlicher nach Hause kommt, als Richter und Rächer der Erbe der Gewalten, denen er entrann.«[7]

In vielem ist dies auch das Schicksal der Helden von *Star Trek*. Ihre interstellare Odyssee gehorcht der aufklärerischen Dialektik. Wo sie sich im Dienste der Zivilisation um fremde, neue Welten bemühen, zeigen sie sich mehr und mehr von diesen geprägt und verkörpern gleichsam prototypisch als Helden der Eroberung die »Aufnahme des Mythos in die Zivilisation«. Die Logik, mit der beispielsweise Captain Kirk in einer der Folgen die intelligente Maschine »Nomad« besiegt, ist die Logik seines Systems – wenn man so will, eine intuitiv-intentionale Logik. Über alle mathematische Präzision hinaus verfügt sie über jenes Quentchen Unmittelbarkeit und List, durch das sie sich auch auf Unvorhersehbares einstellen kann. Die künstliche Intelligenz »Nomad« hingegen ist der Vollstrecker eines logisch-präzisen und gefühlskalten Programms zur Ausrottung aller unvollkommenen biologischen und nichtbiologischen Einheiten. Aber Nomad ist ein ursprünglich von Menschenhand programmiertes Geschöpf und daher nicht makellos. Von Kirk auf seine Unvollkommenheit verwiesen, verstrickt sich der Apparat, der sich selbst für fehlerfrei hält, in logische Widersprüche und eliminiert sich seinerseits. Wiederum ist ein Störfall im System beseitigt. Im Auftrag der Föderation und im Dienst der Gerechtigkeit wird ein Delinquent vernichtet.

Die Fortschrittsmacht bleibt unangefochten dank ihrer im Restrisiko intuitiven Präzision. Doch ganz im Sinne der odysseischen List geschieht dies bereits um den Preis der Angleichung an die feindliche Macht. Kirk bestätigt das Vernichtungsprogramm jener künstlichen Intelligenz indirekt dadurch, daß er Nomad selbst zum Opfer dieses Programms erklärt.

So steckt auch in der letzten Botschaft, die Kirk vor seinem Tod in dem Film *Star Trek – Treffen der Generationen* (von David Carson) an Spock weiterleitet, dieses Moment der siegenden Eingebung: Das Schiff sei mit allem Wissen und aller Logik zu führen; aber zu urteilen sei nicht ohne intuitive Einsichten. Anders gesagt: Statistisch berechnete Wahrscheinlichkeit ebenso wie Gefühle bestimmen die Manöver der Besatzung, ihre Politik, die sich in den intergalaktischen Paradoxien und wichtigen Entscheidungen ganz offensichtlich nicht nur rational bewähren kann. Die Intuition bleibt nicht wie gewöhnlich bloßer Ausdruck intersubjektiver Einfühlungsprozesse. Sie wird zum irrationalen Prinzip und unberechenbaren Ordnungsfaktor eines um Fortschrittssicherung bemühten Systems. Die Menschen der Zukunft haben in dieser Serie ihre eigene Bestimmung überantwortet an eine überindividuelle, superintelligente und hochkomplizierte, aber im mythischen Dunkel bleibende technologische Instanz, in deren Auftrag sie nolens volens auch gefühlsmäßig agieren.

Logisch wie intuitiv und eng kombiniert mit Formen der Disziplin, Pflicht und Ehre, erfüllt die Besatzung der *Enterprise* ihre heroische Aufgabe, »fremde Welten zu entdecken, unbekannte Lebensformen und neue Zivilisationen«. Sie haben es mit mysteriösen Lebewesen zu tun, künstlichen Intelligenzen, mit Menschen, die unheimliche Kräfte oder übermenschliche Fähigkeiten besitzen, mit unbekannten Viren, Drogen, psychopathologischen Vorfällen, gefährlichen Strahlungen, Psychokinese, Doppelgängern, unvorhergesehenen Zeitreisen in die Vergangenheit, politischen Konflikten wie Bürgerkriegen, Revolutionen und vielem mehr. In der 50., in Deutschland bislang nicht gesendeten Folge *Patterns of Force* von 1968 bekämpfen Kirk und Spock mit anderen Widerstandskämpfern ein auf dem Planeten Ekos nach historischem Vorbild etabliertes Naziregime. In *Spectre of the Gun* (1968) wird die Besatzung der *Enterprise* in die Auseinandersetzungen zwischen Wyatt Earp, dessen Brüdern, Doc Holliday und der Clanton-Bande verwickelt. Es gibt wohl kaum einen Spannungsstoff, den die Serie ausgelassen hat. Und fast immer wird die Spannung kathartisch bereinigt, im Sinne einer Wiederherstellung des Status quo, der Harmonie oder vorhandener Identitäten.

Sicher hat die Entstehungsgeschichte der im September 1966 mit *The Man Trap* startenden Serie etwas mit dem ›Zeitgeist‹ jener Jahre zu tun, die von vielen noch heute als eine Zeit des Aufbruchs betrachtet werden.[8] Sie vermittelt sich aber ungewollt auch als Teil der industriekulturellen Reaktion auf das emanzipatorische Aufbegehren und den Aufruhr dieser Zeit. Es ist nicht anders zu betrachten: Die Anpassung der *Enterprise*-Protagonisten an ihr System spiegelt schon in jenen Jahren die sich ankündigende Auflösung des subjektiven jugendlichen Protestes in der Konsumentenkonformität. Ähnlich wie die vom Schicksal herumgetriebenen und mit ihrer Bestimmung konformen Helden der Serie überantworten sich ihre Rezipienten im mechanischen wie zwingenden Rhythmus der Serienprodukte schnell der heimlichen Philosophie der Warengesellschaft.

Von übergeordneten Idealen und Aufgaben geht im Grunde die deutliche Faszination der Kultserie aus. Die Stelle der objektiven religiösen Instanz hat eine übermenschliche und recht eigentlich nicht in Erscheinung tretende technisch-systematische Totalität eingenommen. Wenn überhaupt, erscheint diese Totalität als ein »demokratisches« Verwaltungssystem, das weithin auch den Handlungsspielraum der Besatzung und die vorgeblich individuelle Freiheit der Besatzungsmitglieder bestimmt. Das scheinbar unaufhörlich funktionierende und bis in die weiteste Zukunft Sicherheit vermittelnde System indiziert ihnen die Möglichkeit des Ausstiegs aus der Verstrickung in die eigene Endlichkeit. Die Sehnsucht nach dem Unendlichen und bislang

Unerreichbaren verbindet sich mit einem fast unvorstellbaren Vertrauen in die technisch-systematische Perfektion. Sie wähnen sich den letzten Dingen, den letzten Geheimnissen des Lebens, ganz nahe.

Auch in *TNG* sind die Protagonisten deutlich von ihren romantischen wie idealistischen Weltvorstellungen gezeichnet. Als ›fortschrittliche‹ Menschen mit einem ausgeprägten Gerechtigkeitssinn, einem gesunden Optimismus und Wertebewußtsein widersetzen sie sich selbst den geheimnisvollsten Mächten und Lebensformen wie »Q« und »Nagilum«. Sie wissen um ihre Sterblichkeit und sind tolerant genug für ein multiethnisches Miteinander. Doch so emanzipiert die Helden und Charaktere der Raumschiff-Besatzung auch handeln, ihr Verstand und ihre Freiheit sind nicht gelöst von der übergeordneten und im wesentlichen auf technologisch-wirtschaftlichen Erfolg ausgerichteten Vernunft. Roddenberry hat es unter Vorwegnahme eines späteren Reklameslogans auf den Punkt gebracht: »We must learn to live together or most certainly we will soon all die together. Although Star Trek had to entertain or go off the air, we believed our format was unique enough to allow us to challenge and stimulate the audience.« [9]

Das kennzeichnet auch den nichtreligiösen Charakter von *Star Trek*. Zwar sieht sich die weltweite Fangemeinde als eine durch die Insignien und »Devotionalien« der Serie symbolisch vereinte Gemeinschaft von der weltlichen Sphäre der Nichtfans, den »mundanes«, deutlich abgehoben. Fetischismus und Ritualismus sind ausgeprägt, und auch das Missionieren, Werben und Sammeln für die eigene Sache spielen eine Rolle. Doch es fehlt grundsätzlich ein im religiösen Sinn objektives Moment, der objektive Geist der Offenbarung. Ihn ersetzt weitgehend ein subjektiv-schwärmerischer Enthusiasmus mit ebenso spielerischen wie halluzinatorischen Zügen. Es ist demnach allerhöchstens von einer quasi- oder pseudoreligiösen Bewegung mit weltlichem, säkularem Charakter zu sprechen. Sie ist fasziniert von den Anregungen eines kommerziellen Serienprodukts, folgt den politisch-wirtschaftlichen Antizipationen der Unterhaltungsindustrie und nimmt, wenn man so will, den Modellcharakter einer in den Weltraum verlegten »sitcom« ernst.

Ernst zu nehmen in anderer Weise ist der Modellcharakter der Serie. Immerhin gab die Raumfahrtbehörde NASA dem Begehren einer auch von Präsident Gerald Ford unterstützten Briefkampagne nach und taufte ihren ersten Space Shuttle auf den Namen »USS Enterprise«. Angeblich ist vor dem Start sogar die Titelmusik der Fernsehserie gespielt worden. Die Fiktion hatte die Wirklichkeit nicht ganz unerheblich beeinflußt – eine Tatsache, die sich womöglich auch auf das in den achtziger Jahren steigende Interesse für Science-fiction-Themen in den Medien auswirkte.

Im siebten Kinofilm, *Treffen der Generationen,* muß der vom Autor ursprünglich als »space-age-Captain Horatio Hornblower« konzipierte Kirk offiziell sterben. Die Ernüchterung durch seinen Filmtod widerspricht der grundsätzlich auf Unendlichkeit und irgendwie auch Unsterblichkeit ausgerichteten optimistischen Zukunftsperspektive. So konnte Spock noch in *Star Trek II* ›sterben‹, um in *Star Trek III* wieder ins Leben gerufen zu werden. Doch Kirks Ende ist unabdingbar und kündigt für den Film nun auch den in der Fernsehserie längst vollzogenen Wechsel der *Enterprise*-Besatzung an. Mit seinem Ende hat die Realität des irdischen Lebens die Fiktion ereilt. Der Held ist sterblich, seine Gottwerdung eine Illusion. Erhalten geblieben jedoch ist das System. Die Repräsentanten dieses Systems sind austauschbar. Captain Picard wird die Rolle von Kirk übernehmen.

Wohl eher als der finale Tod entspricht die wiederkehrende Regenerierung des Gleichen dem Gesetz der Serie. Helden können wie am Fließband erzeugt werden. Jugendliche Motive zwingen ihnen ihre Bestimmung auf. Der Tod hat – wenn überhaupt – nur eine Funktion: Er bewahrt die Helden vor dem unheroischen Alter. Legendenbildung und die Fiktion ewiger Jugend erzeugen sich wie bei einigen Größen der Rockgeschichte aus dem vorzeitigen Ableben. Der religiöse Gehalt der Serie, wenn sie denn einen hat, entspringt der Verdrängung und Überblendung objektiver

Einsichten in anthropologisch-reale Lebenszusammenhänge und Gegebenheiten menschlichen Miteinanders. Der quasireligiösen Idee des Fortschritts sind Tod und Vergänglichkeit suspekt und müssen ausgeklammert werden. So wie die Serienhelden in ferner Zukunft das mögliche Leid eher symbolisch bekämpfen, darf reales Leid die Serie von Anfang an nicht affizieren. Der kritische Zugang zu vorhandenen politischen und wirtschaftlichen Verhältnissen bleibt vage Andeutung. Die deutliche Kritik ist untersagt. Als Roddenberry für den ersten Kinofilm sein Drehbuch *The God Thing* einreichte, in dem er die Frage nach Gott stellte, wurde es abgewiesen. Wenn Gott wie in Stanislaw Lems *Solaris* nur eine außerirdische Lebensform ist, die verzweifelt mit den Menschen zu kommunizieren versucht, wird auch die Suche nach dem Paradies zweifelhaft. Roddenberry hatte dies in seinem Drehbuch angedeutet. Was ist das für ein Gott, der die Menschen aus dem Paradies vertreibt, weil sie vom Baum der Erkenntnis essen? Ein Vulkanier der *Enterprise* brachte es auf den Punkt: Das sei wirklich kein beeindruckender Gott. Er habe zu viele psychische Probleme und sei unsicher, ja er verlange, daß man ihn anbete. Er habe fehlerhafte Menschen erschaffen, um sie dann für ihre eigenen Fehler verantwortlich zu machen. Das sei eine ziemlich jämmerliche Entschuldigung für ein höchstes Wesen.

Das mag zunächst als ein religionskritischer Ansatz gedeutet werden, erweist sich bei näherer Betrachtung aber als eine eher regressive Form des Fragens nach der Transzendenz oder der paradiesisch anderen Welt. Nicht zufällig lassen sich die Sciencefiction-Interessen von Gene Roddenberry bis in seine High-School-Zeit zurückverfolgen, als ihm ein Klassenkamerad eine Kopie der *Astounding Stories* lieh. Es ist das Verschwinden im Phantastischen, von dem für Kinder und Jugendliche in ihren Geschichten die Reize ausgehen, das Sichverlieren in bizarren Märchen- und Wunderwelten, in entlegenen exotischen Abenteuerregionen, interstellaren Räumen oder eben auch in virtuellen wie intelligiblen Scheinreichen. Zwar bestehen erhebliche Unterschiede zwischen reinen Phantasiestoffen und Science-fiction, wie etwa jener, daß Science-fiction sich im Gegensatz zur phantastischen Literatur fast immer um die wissenschaftlich-technische Plausibilität der Spekulationen bemüht (dafür sorgte zu Beginn von *Star Trek* u. a. Harvey P. Lynn, ein Physiker der *Rand Corporation*). Was die Anregung der regressiven Phantasien bei Kindern, Jugendlichen und eben auch Erwachsenen angeht, scheint dieser Unterschied jedoch fast ohne Bedeutung. Im Zentrum stehen die narrativ hervorgerufene Halluzination wie die ästhetische oder quasipsychedelische Trance, eine heimliche kleine Flucht aus dem Gegebenen, ein Tom Sawyersches Sichdavonstehlen, ein leises Verlassen des plötzlich eng gewordenen Interieurs, ein verborgener Ausflug in die von herkömmlichen Problemen losgelöste Ferne, die befreiend nächtliche Konversation auf Friedhöfen oder – meinetwegen – im *Club der toten Dichter*.

Der freischwebende religiöse Affekt bestimmt jene Fluchten und ihre geheimnistuerische Umgebung, die symbolisch-emblematische Verkleidung, durch die sich mehr oder weniger esoterische »Insider« zu diesen Erlebnissen bekennen. Religiosität wird zu einer Frage der entsprechenden Garderobe, des »persönlichen Geschmacks«, dem in der sog. Informationsgesellschaft womöglich nichts Persönliches mehr eignet. Ausgeliefert dem kommerziellen Zuschnitt der »Existenzdesigner und Spezialisten des gehobenen Thrills«, zeigen sich auch bewährte Fluchtwege aus dem »Gehäuse der Innerweltlichkeit« zunehmend technologisiert. Ihnen anhaftende Momente der Verwirklichung werden in der Simulation erstickt, in »virtuellen Realitäten«, elektronisch generiert oder chemisch hervorgerufen, wo ähnlich wie bei *Star Trek* das steuernde System die ontologische Position der Transzendenz eingenommen hat [10] und die Subjekte funktionalisiert.

»Gott oder was immer es ist, gibt uns eine Manifestation der Herrlichkeit. Diese unendliche Variationsfülle und das Entzücken sind Teil des Optimismus, den wir in Star Trek hineinverlegt haben«, hat Roddenberry, der Autor der Serie, einst formuliert.[11] Die Sätze sind programmatisch. Der ebenso unbedarfte wie optimistische Glaube an bleibende Freude und Abwechslungsreichtum zielt auf den an Unterhaltung, Vielfalt und schließlich auch Beliebigkeit orientierten konsumtiven Charakter. Angesprochen dort, wo sich beispielsweise junge Menschen in ihrer Reifeentwicklung von schwärmerischen Sehnsüchten und Phantasien notwendig leiten lassen, verblendet sich ihnen gern jeder distanzierte Blick. Die audiovisuelle Vermittlung der produzierten Träume verändert die persönlichen. Während in der Literatur sich die Bilder den Rezipienten noch selbst erzeugen, werden sie ihnen in der Serie geliefert. Und von einem Teil dieser Bilder leiten sich die häufig ikonoklastisch erscheinenden zeitgenössischen Jugendbewegungen ab mit ihrem sublimen Fetischismus.

Zwar fällt es wohl niemandem wirklich schwer, die warengesellschaftliche Funktion der Medienserie zu durchschauen. Es ist allgemein bekannt, wie Medienindustrie und Reklame arbeiten, welche Bedürfnisse den einzelnen erzeugt werden und wie diese auf die ihnen erzeugten Bedürfnisse reagieren. Etwas anderes demnach als eine rein kulturindustrielle Vereinnahmung der *Star-Trek*-Fans dürfte deren Interessen bestimmen. Die Frage ist, inwieweit nicht bewußt der metaphysische Impuls der Serie angenommen, aufgewertet und in eine vermeintlich autonome Strategie der persönlichen Weiterentwicklung überführt wird. Wie in vielen anderen Fankreisen setzt die alternative Form als kollektives Erlebnis den Reiz. Wir auf der Bühne dachten, wir sind die einzig Vernünftigen, sagte Paul McCartney anläßlich eines Beatles-Konzertes in den Vereinigten Staaten. Sie hatten etwas in Bewegung gebracht, das ihnen selbst unheimlich wurde. Für die Fans war es mehr als Musik. Die Idole hatten ein Gefühl der Befreiung ausgelöst, die Etablierung eines anderen Zustands, einer anderen Wirklichkeit, einer Wirklichkeit, die letztlich so anders nicht war.

Martin Kasprzak
Der Mensch in der Maschine

Data als Clown und Kreatur

Eine der faszinierendsten Erfindungen des *Star-Trek*-Universums ist ohne Zweifel der bleichgesichtige Androide Data.[1] Er zählt nicht nur zu den beliebtesten Figuren der *Next-Generation*-Crew, über ihn erfährt der Zuschauer auch mehr als über irgendeinen anderen Charakter an Bord der *Enterprise*. Kaum eine Folge vergeht, ohne daß Data in prominenter Position gegen die Widrigkeiten des Weltraumes zu bestehen hat. Die von ihm dabei zu bewältigende Problemlast ist gewaltig: Ob als wertvoller Freund und Kollege, als unverzagter Lebens- oder Weltenretter oder als zuverlässiger Lieferant der Schlußpointe, Datas Dienste für die *Enterprise* sind unersetzlich. Freilich kann er dabei auf Fähigkeiten zurückgreifen, die ihm manches erleichtern: In seiner Person vereinen sich schier übermenschliche physische und psychische Kräfte, die, nur notdürftig verdeckt durch sein unscheinbares Äußeres, immer wieder überraschend zum Einsatz gebracht werden können.

Konstruiert wurde Data von Dr. Noonian Soong, einem Wissenschaftler der Föderationskolonie im fernen *Omicron Theta*. Soongs Wurf ist genial. War die Wissenschaft des 23. Jahrhunderts zuvor an der Konstruktion eines perfekten Maschinenmenschen gescheitert, scheint nun mit Data dieses Ziel erreicht: Der Android ist vollständig aus künstlichen Komponenten erschaffen, aus diversen Metallen, einer Haut aus »Bioplast« und einem »positronischen« Gehirn mit schwindelerregenden Kapazitäten. Die technische Simulation des menschlichen Gehirns erscheint fast perfekt. Fast! Data kann zwar selbständig denken, lernen und handeln und dieses in der Regel mit beneidenswerter Effizienz, die wahrscheinlich grundlegendste menschliche Eigenschaft jedoch, die Fähigkeit zu fühlen, bleibt ihm verwehrt.

Diese eigentümliche Beschränkung erinnert zunächst an den sympathisch-gefühlskalten Vulkanier Mr. Spock (*Star Trek – The Original Series*). Spock verfügt zwar über Emotionen, sie werden von ihm jedoch zugunsten vulkanischer Logik systematisch verdrängt. Bei Data verkehrt sich nun dieses Verhältnis: Er scheint sich nach menschlichen Gefühlen geradezu zu ›sehnen‹. Die Neugier auf die unlogischen, bei ihm werksmäßig nicht vorgesehenen Qualitäten menschlichen Daseins determinierten Datas Verhältnis zu seiner Menschen-Umwelt nahezu vollständig. Wie ein roter Faden durchzieht dieses Motiv die Serienfolgen. Einem akribischen Forscher gleich, versucht Data die Geheimnisse menschlicher Empfindung und Intuition zu ergründen. Und erst im siebten Kinofilm *Star Trek – Generations,* der erst nach dem Ende von *TNG* gedreht wurde, erfüllt sich sein Wunsch nach Emotionen. Ein »Emotionschip« macht's möglich. Da die Implantation jedoch erst am Ende des Kinofilms erfolgt, muß offenbleiben, ob der Chip auch wirklich die von ihm erhoffte Leistung erbringt.

Das Erfolgskonzept der Data-Figur besteht sicher nicht in der Konfrontation von Ratio und Gefühl allein. Vielmehr erscheint Data als schillernde motiv- und stoffgeschichtliche Symbiose, deren zentrale Elemente im folgenden aufgezeigt werden sollen. Zugleich kristallisiert sich an dieser Figur das wesentliche Prinzip der *Star-Trek*-Saga: die enge Verknüpfung philosophischer Fragens mit dem Anspruch, gut zu unterhalten.

Der Clown

Verhalten, Aussehen und Bewegung des Androiden wirken in vielen Situationen deplaziert: Data ist, wenn auch unfreiwillig, komisch. Mit dieser Eigenschaft hebt er sich deutlich von der übrigen *Enterprise*-Besatzung ab. Wie Mr. Spock, der unbestritten beliebtesten Figur der ersten *Star-Trek*-Serie, bezieht Data seine Komik aus der Rolle des Außenseiters. Einer Karikatur gleich, wird hier Komik durch Verfremdung erzeugt. Dabei wird der Außenseiterstatus sowohl zur Situationskomik im Zusammenspiel Datas mit anderen Charakteren genutzt als auch für eine karikaturhafte Übersteigerung seiner maschinen-menschlichen Eigenschaften, für die die anderen handlungstragenden Personen höchstens als Vergleich herangezogen werden müssen. Beide Formen der Komik sind keineswegs neu, sondern orientieren sich an einer langen Tradition im komischen Bühnenstück und Film.

Ausgeschlossen aus der Gefühlswelt seiner ›Mitmenschen‹, ist Data immer wieder Mittelpunkt von Mißverständnissen. Um diese zu vermeiden, ist er ständig bemüht, das menschliche Verhalten und die dazugehörigen Emotionen möglichst genau zu imitieren. Dabei stützt er sich nicht nur auf seine eigenwilligen Verhaltensanalysen der übrigen Besatzung, sondern zieht mit Vorliebe irdische Literatur zu Rate. Doch gerade der unersättliche ›Drang‹ nach mehr Wissen über die nicht-logischen Seiten des Lebens führt ihn ins komische Mißverständnis zurück. Alle Anstrengungen, den »outcast status« bewußt abzulegen, scheitern.

In der Episode *In Theory* (*Datas erste Liebe*) verliebt sich ein jüngeres Crewmitglied in den Androiden. Data, der zu der jungen Frau eine Art freundschaftliches Verhältnis unterhält, sieht hier die Möglichkeit für ein interessantes Experiment. Er geht – im Rahmen seiner »limitierten« Möglichkeiten – auf die Beziehung ein und erstellt ein Programm, das ihm zumindest die Simulation einer »leidenschaftlichen Romanze« ermöglicht. Seine Datenbanken greifen dabei auf einen enormen Wissensfundus zurück: Gespräche mit anderen Crewmitgliedern, literarische Beschreibungen aus Liebesromanen und diverse Ratgeberliteratur für zwischengeschlechtliche Beziehungsprobleme liegen dem Programm zugrunde. Was ihm jedoch fehlt, ist das Gefühl dafür, wann die gespeicherten Daten abgerufen werden müssen, so daß er sein Wissen in den unmöglichsten Situationen zu applizieren versucht und seine ›Freundin‹ fast zur Weißglut treibt: So wird sie beispielsweise inmitten eines romantischen Candlelight-Dinners von ihm rüde angeherrscht. Auf die Frage nach dem Hintergrund seines merkwürdigen Verhaltens eröffnet Data seiner sichtlich verwirrten Partnerin, daß ein Streit mehr ›Würze‹ in eine Beziehung bringen könne, da – und das hätte er gelesen – die Versöhnung danach um so schöner sei.

Auch die Tanzstunden von Dr. Crusher in der Episode *Data's Day* (*Datas Tag*), die sich Data anläßlich der bevorstehenden Hochzeit seines guten Freundes Chief O'Brian mit der Lehrerin und Botanikerin Keiko auf die Agenda setzt, geraten zu einer Slapstickvorstellung. Data kann zwar in Sekundenschnelle Schritte und Bewegungen der gewandten Doktorin erfassen und perfekt kopieren, diese jedoch nicht intuitiv variieren und mit einer Partnerin applizieren. Dadurch wirkt er wie eine aufgezogene mechanische Puppe, und es kostet seine Lehrerin einige Anstrengungen, den Androiden zu einem zweiten Fred Astaire zu machen. Komisch ist die Szene jedoch auf alle Fälle, und sie gibt dem Zuschauer zudem noch die Möglichkeit, das Kuriosum einer perfekt im Steptanz ausgebildeten Oberärztin zu begutachten – eine Szene, die fast das Flair alter Hollywood-Musicalfilme hat, wo z. B. ein Schornsteinfeger genrebedingt auch ein toller Tänzer und Sänger sein muß.[2]

In derselben Episode wird Data auch noch vor ein weiteres alltägliches Problem gestellt, an dem er schier verzweifelt: Wie stelle ich mein Haustier zufrieden? Konstruktionsbedingt der Logik verpflichtet, erscheint es dem Androiden unmöglich, für seinen Kater »Spot« das richtige Futter auszuwählen. Die logisch vorteilhafteste Auswahl wird von dem Tier nämlich konsequent abgelehnt. Geschmackspräferenzen sind von der Logik her nicht nachvollziehbar, so daß Data wieder einmal zwangsläufig in die Rolle des »dummen August« hineinrutscht.

Die Tatsache, daß etwas komisch wirken kann, wenn man es in einen völlig deplazierten Kontext bringt, haben sich schon Stummfilmkomiker wie etwa Charlie Chaplin zunutze gemacht. Aber auch die andere Methode zur Erzeugung von Komik, nämlich die karikaturhafte Hervorhebung bestimmter Gesten, Verhaltensweisen und äußerlicher Merkmale, hat Data mit Chaplins Tramp gemein. Die Reduktion des Äußeren auf die hervorstechenden Kleidungsstücke Melone, viel zu weite schwarze Hosen, zu große Schuhe, die allesamt alt und zerschlissen wirken, sowie auf das kleine Schnurrbärtchen und den entenartigen Watschelgang, geben der Chaplin-Figur bis heute ihren hohen Wiedererkennungswert, der sich insbesondere aus vermarktungstechnischen Gründen als vorteilhaft erwiesen hat.

Vom Äußeren her wirkt Data zwar längst nicht so stark stilisiert wie Chaplins Tramp, er zeigt jedoch trotzdem eindeutige Merkmale: rotgeränderte Kontaktlinsen, wahrscheinlich um seine Augen weniger menschlich wirken zu lassen, und einen metallisch glänzenden Teint auf der Haut, der ihn aussehen läßt, als sei er mit Vaseline eingerieben. Hinzu kommt der seltsam distanziert und zugleich verwirrt wirkende Gesichtsausdruck. Sein ›kalter‹ Blick erinnert an Mr. Spock, der jedoch erhabener, ja fast arrogant erscheint, während der Androide eher eine klägliche Figur abgibt.

Auch in ihrer sprachlichen Ausdrucksweise ähneln sich Spock und Data – und unterscheiden sich dadurch massiv von der übrigen *Enterprise*-Besatzung.[3] Während die restliche Crew im normalen Umgangston und mit dem umgangssprachlichen Vokabular der 60er respektive der 80er Jahre spricht, wirken Data und Spock wie zwei Figuren aus einem Shakespeare-Stück, die man in die Zukunft verpflanzt hat. Die eigentümliche Mischung aus einem altmodisch-geschwollenen Umgangston adliger Oberschichten einerseits und einer durch atemberaubende Technikprosa angereicherten Wissenschaftssprache andererseits hebt das Außenseitertum der beiden *Star-Trek*-Logiker wiederum hervor.

Aus der Maschinenhaftigkeit von Robotern, die mit bestimmten menschlichen Eigenschaften kombiniert wird, einen komischen Effekt zu ziehen, hat Tradition im Science-fiction-Film. Gerade in den unterhaltungsorientierten Actionproduktionen wurden Maschinenmenschen oft als Vehikel für die Integration von Slapstick-Elementen genutzt. Als prominentestes Beispiel sei nur

Robby the Robot aus dem Film *Forbidden Planet* genannt. Der Film zählte zu den beliebtesten Produktionen der fünfziger Jahre, die auch als klassische Periode des Science-fiction-Filmes bezeichnet werden. Die sprechende Tonne wird zum Running Gag – eine Idee, die ihre bislang erfolgreichste Umsetzung in der *Star-Wars*-Trilogie von George Lucas fand. Das hier agierende Roboterduo C3PO und R2D2 wirkt durch geschickte Anwendung der Gegensätzlichkeiten wie eine Hommage an das legendäre Komikerpaar Stan Laurel und Oliver Hardy. In der Disney-Produktion *The Black Hole* (*Das schwarze Loch*) werden ebenfalls lustige Roboter zur Erhöhung des Unterhaltungswertes genutzt, wahrscheinlich im Zuge des Erfolges der Filme von Lucas. Selbst in ernsteren Science-fiction-Produktionen wurden die Maschinen noch mit einem Hauch Komik angereichert: HAL 9000, der intelligente und fühlende Superrechner aus Stanley Kubricks *2001 – A Space Odyssey*, zeigt neben seiner Funktion als ›virtueller‹ Psychopath, der die gesamte Crew des Raumschiffes Discovery dahinmeuchelt, auch lustige Momente. Dieses gilt insbesondere für die Szene, in der er vom letzten Überlebenden der Crew deaktiviert wird: HAL rezitiert das Kinderlied »Daisy Daisy« (in der deutschen Version »Hänschen klein«), welches sich bei fortschreitender Abschaltung des Speichers immer stärker verlangsamt, bis es schließlich – wie bei einem Plattenspieler, der zum Stillstand kommt – verstummt.

Die Kreatur

David Alexander führt in seiner autorisierten Biographie des *Star-Trek*-Schöpfers Gene Roddenberry die Figur des Androiden Data direkt auf ein früheres Serienkonzept zurück: *Project Questor*. Das Projekt scheiterte bereits nach der Fertigstellung des Pilotfilms an Meinungsverschiedenheiten zwischen Roddenberry und dem Fernsehnetwork NBC, das auf gravierende Änderungen des Konzepts drängte und eher an einer Produktion nach dem Vorbild der großen Serienerfolge *The Fugitive* (*Auf der Flucht*) und *The Six-Million Dollar Man* interessiert war. Roddenberry hingegen dachte an etwas anderes: *Project Questor* basierte auf den moralischen Betrachtungen des amerikanischen Science-fiction-Schriftstellers Isaac Asimov, der sich im Rahmen seiner »Robotergesetze« mit dem Stellenwert künstlich erschaffenen Lebens beschäftigte. Die Serie wurde zu den Akten gelegt. Lediglich der Pilotfilm wurde am 24. 1. 1974 als Fernsehspielfilm gesendet.

Sowohl die Charakterisierung der Figur Datas als auch ihr Hintergrund sind mit der Erfindung des Androiden Questor bereits vorweggenommen: Als Produkt eines Superhirns und ausgestattet mit übermenschlichen Fähigkeiten, begibt sich die emotionslose Kreatur auf die Suche nach ihrer Herkunft. Schon der Pilotfilm bringt für Questor die Lösung: Sein Schöpfer ist ebenfalls ein Androide, der von außerirdischen Wesen vor Tausenden von Jahren auf der Erde plaziert worden ist, um die Menschheit zu beschützen und auf den richtigen Weg zu führen. Questor soll in seiner Funktionsdauer von 200 Jahren diese Mission fortführen, um dann die gereifte Menschheit in die von ihm forcierte Mündigkeit zu entlassen.

Project Questor war ein Kind des Kalten Krieges. Wie die Science-fiction dieser Zeit meistens, stand es im Bann einer drohenden nuklearen Vernichtung der Erde.[4] Die Spannungen zwischen den Mächten erschienen so dramatisch, daß nur noch eine gottgleiche Übermacht aus dem Weltall imstande zu sein schien, die Menschen zur Räson zu bringen. Das Überwachungs- und Erziehungsmotiv der Questor-Figur findet sich bei Data freilich nicht mehr. Der *Star-Trek*-Androide ist keine moralische Vaterfigur, sondern dient als utopische Projektionsfläche für Auswirkungen menschlichen Forschungsdrangs und für ethische Wertvorstellungen.

Data verkörpert künstliche Intelligenz in Vollendung: Er kann nicht nur selbständig denken, entscheiden und lernen, auch komplexe Programmänderungen, durch den direkten Selbsteingriff in die eigenen Schaltkreise, sind ihm möglich. Dieser Vorstellung liegt im wesentlichen ein Modell zugrunde, das das menschliche Gehirn auf die Funktionsweise eines Computers reduzieren will. Es ist jedoch strittig, ob dieses Computer-Modell tatsächlich komplexe Bewußtseinsvorgänge abbilden kann. Zwar ersinnt die Künstliche-Intelligenz-Forschung immer neue Techniken zur Simulation menschlicher Verhaltens- und Denkweisen, wie z. B. »Fuzzy Logic«, dennoch sprechen die bisherigen Erfahrungen in diesem Bereich eher dafür, daß Bewußtseinsvorgänge wahrscheinlich auf völlig anderen Prinzipien basieren. Eine maschinelle Simulation, etwa von intuitiven Gedankenabläufen, scheint vor diesem Hintergrund geradezu ausgeschlossen. Die künstliche Intelligenz Data läßt sich insofern als utopisch begreifen, als er ein idealisiertes Bild für die Möglichkeiten der Computerforschung abgibt, das nach dem gegenwärtigen Stand des Wissens keine Aussicht auf Umsetzung hat.

Entscheidender noch als technische Implementierungsschwierigkeiten sind Fragen ganz anderer Art: In *The Measure of a Man* (*Wem gehört Data?*) stellt der ehrgeizige Wissenschaftler Bruce Maddox den Antrag, Data demontieren zu dürfen. Er will das Geheimnis um die Existenz Datas endlich lüften. Der Androide spricht sich gegen den Antrag aus, da er den Wissenschaftler für noch zu unerfahren hält und befürchten muß, dieser würde ihn zerstören. Daraufhin versucht Maddox ihn entmündigen zu lassen. Er deklariert Data zur bloßen Maschine und damit zum Eigentum der Sternenflotte. Es kommt zu einer Gerichtsverhandlung, in der Captain Picard die Rolle des Verteidigers übernimmt und dessen erster Offizier Riker – gezwungenermaßen – die des Anklägers. Zur Disposition steht keine geringere Frage als: Ist Data nur eine von Menschenhand erbaute Maschine, oder ist er mehr als das? Mit anderen Worten: Was ist das Maß der Menschlichkeit?

Ethische Probleme dieser Art stehen in einer langen Tradition innerhalb der phantastischen und Science-fiction-Literatur: Vom Geschöpf in Mary Shelleys *Frankenstein oder der moderne Prometheus* (1816; 1910 das erste Mal verfilmt) bis zu den Replikanten in Ridley Scotts Kultfilm *Bladerunner* ist der Kampf künstlicher Menschen um ihre Anerkennung als gleichwertige Lebensform ein gängiges Motiv. In *Bladerunner* wird den Androiden von vornherein die Chance auf Gleichberechtigung verwehrt, da sie überhaupt nur für Einsatzgebiete geschaffen wurden, in denen Menschen nur ungern tätig sind: gefährliche Arbeiten auf unwirtlichen Planeten, Kamikaze-Attentate oder Prostitution. Funktioniert ein Replikant nicht mehr wie geplant, versucht er sich etwa aus seinem Sklavendasein zu lösen und beansprucht Selbständigkeit, wird er »aus dem Verkehr gezogen« (»retirement«). Data hingegen erhält das Recht, vor einem ordentlichen Gericht um seine Existenz zu kämpfen – mit Erfolg! Dem argumentationsgewaltigen Picard gelingt es, die Richterin von der Existenz eines Selbstbewußtseins des Androiden zu überzeugen: Im Zimmer des Maschinenmannes fanden sich Souvenirs von Freunden. Der Demontage wird nicht stattgegeben.

In amerikanischer Perspektive wirkt *The Measure of a Man* wie eine Parabel auf den Kampf um die Abschaffung der Sklaverei. Auffällige Parallelen ergeben sich hierbei zum sogenannten Dred-Scott-Prozeß, in dem zu entscheiden war, ob ein farbiger Sklave Rechte besitze oder ob er Eigentum seines ›Käufers‹ sei. Das Urteil des U.S. Supreme Court fiel damals zuungunsten des Sklaven aus. Sklaverei wurde umfassend legalisiert und die amerikanische Nation weiter in den Bürgerkrieg getrieben. Vor dem Hintergrund historischer Erfahrungen wie dieser erscheint die Verhandlung um Data als eine Art ›Wiedergutmachung‹. In der Zukunft Gene Roddenberrys sollten die alten Fehler nicht wiederholt werden. Für die Übermittlung dieses Anliegens eignet sich die Figur Data in idealer Weise: Bei aller Einbezogenheit in das soziale Gefüge der *Enterprise*-Gesellschaft ist er doch immer auch ein Außenstehender, eine fremde Kreatur.

Auch in einem ganz anderen Genre lassen sich Vorfahren des motivgeschichtlichen Symbionten Data entdecken: im Kinder- und Jugendbuch. Ein interessanter Hinweis geht auf Commander Riker bzw. dessen Erfinder, Gene Roddenberry, zurück. In der

Episode *The Measure of a Man* vergleicht der erste Offizier der *Enterprise* Data mit dem hölzernen Jungen aus dem Jugendbuch *Die Abenteuer des Pinocchio* (1883) von Carlo Collodi. »Pinocchio is broken. His strings are cut!«, sagt Riker in einem Anfall von Traurigkeit, unmittelbar nachdem er Data − gezwungenermaßen − deaktiviert hat. Die Parallelen sind deutlich: Wie Data wünscht sich die beseelte Marionette Pinocchio, eines Tages ein ›wirklicher‹ Mensch zu werden. Ein Wunsch, der auch vom »Zinnmann« aus *The Wizard of Oz*[5] geteilt wird. Dieser ist auf der Suche nach dem mächtigen Zauberer des wundersamen Phantasielandes Oz. Von ihm erhofft er sich Vervollkommnung, ein Herz, um menschlich zu werden.[6]

Sowohl der Zinnmann als auch Pinocchio können für ihre Menschwerdung auf magische Lösungen hoffen; allein Data bleibt dieser Weg versperrt. An die Stelle der Magie tritt in *Star Trek* die Technik. Mit dieser Verschiebung verwandelt die Serie das Märchenhafte seiner motivgeschichtlichen Vorläufer in einen wissenschaftlich-rationalen Kontext, ohne dabei aber das Phantastische aufzugeben.

Das Motiv des künstlichen Menschen findet sich bereits in der Sagenwelt der Antike: Um seine Unabhängigkeit von den göttlichen Machthabern zu demonstrieren, erschafft der Halbgott Prometheus den Menschen aus Lehm.[7] Die Tat wird hart bestraft, man kettet ihn bekanntlich an einen Felsen, wo ihm Tag für Tag ein Raubvogel die Leber herauspickt, die dann Nacht für Nacht wieder nachwächst. Auch die Golemssagen der jüdischen Talmudschriften dürften für *Star Trek* Pate gestanden haben: Hier werden, nach dem Vorbild der Schöpfungsgeschichte, Menschen aus Lehm erschaffen. Der Versuch des Menschen, sich in göttliche Gefilde zu wagen, wird mit einer Bestrafung durch Gott geahndet. Die Kreatur wendet sich gegen ihren Schöpfer, ein Thema, das sich seither über das Mittelalter bis in die Neuzeit in Form von Volksbüchern, Erzählungen, Romanen und Filmen gehalten hat.[8] So auch in *Star Trek*: Doch nicht Data selbst meuchelt seinen Schöpfer, sondern das Vorgängermodell Lore[9].

Im Unterschied zu seinem jüngeren Androiden-Bruder verfügt Lore über eine Gefühlstechnologie, die sich jedoch so unkontrolliert bemerkbar macht, daß er deaktiviert und demontiert werden muß. Freilich nur zeitweilig: In der Episode *Datalore* (*Das Duplikat*) wird er von einem Landeteam der Föderation gefunden und wieder zusammengesetzt. Seither stehen sich Data und Lore wie die gespaltene Persönlichkeit in *Dr. Jekyll and Mr. Hyde* als Antithesen gegenüber. Lore, dessen Name im Deutschen »Lehre« oder »Kunde« bedeutet, mißbraucht seine Gefühlsqualitäten. Der im Weltraum vagabundierende Androide ist unberechenbar und machtbesessen. In der Doppelfolge *Descent* (*Angriff der Borg*) erhebt sich Lore zum faschistischen Führer der symbiotisch organisierten Borgwesen, um mit ihnen das Universum zu unterjochen. Data hingegen ist gefühllos, logisch und – ›gut‹. Als rationaler Datenprozessor in der Stellung eines Lieutenant Commanders der Sternenflotte verrichtet er seinen Dienst zum Wohle der Menschheit: Lore wird von Data abgeschaltet, das Universum ist gerettet.

Auch Datas eigener Versuch, in der Episode *The Offspring* (*Datas Nachkomme*) als Schöpfer tätig zu werden, endet in einer Misere. Zwar schafft er es, sich eine elektronische Tochter mit Namen »Lal« zu basteln, die ihn in einigen Punkten an Leistung sogar noch übertrifft, diese ›stirbt‹ jedoch bereits nach zwei Wochen an einem Kollaps ihres positronischen Gehirns. Durch Reproduktion wollte sich der Android ein kleines Stück Unsterblichkeit sichern, das seinen großen Vorbildern, den Menschen, naturgemäß zusteht: nämlich die Weitergabe seines Wissens und eines Teiles seiner Selbst an einen Nachkommen. Aus der Begründung seines Stammbaums wird jedoch nichts, denn auch Data ist es nicht gestattet, Gott zu spielen. Er bezahlt mit dem ›Leben‹ seiner Kreatur.

Wie seine motivgeschichtlichen Vorfahren ›leidet‹ auch Data unter den Folgen seiner Schöpfung. Während die Kreaturen des Prometheus mit der vom Göttervater Zeus gesandten und Unheil verströmenden Pandora ihr Nachsehen haben oder das namenlose »Monster« des Dr. Frankenstein unendliche Qualen ob seiner ungeschlachten Gestalt ausstehen muß, plagt Data seine Ausgeschlossenheit in Gefühlsangelegenheiten. Bei aller Seelenverwandschaft bricht Data allerdings mit der ›klassischen‹ wie auch den ›modernen‹ Varianten der Prometheus-Tradition, gelangt er doch letztendlich an das Ziel seiner Wünsche. Die Nachrüstung mit Emotionen ›veredelt‹ ihn quasi zum Menschen. Sah die empfindsame, von Einsamkeit getriebene Frankenstein-Gestalt ihren einzigen Ausweg im Freitod, bleibt Data in Zukunft die therapeutische Obhut von Counselor Deanna Troi – eine Alternative, die sich allerdings als nahezu gleichwertiges Äquivalent entpuppen könnte.

Arne Klein

Faszinierend!

Star Trek zwischen Unterhaltung und Utopie?

»Star Trek hat mir das Leben gerettet. Vor 3 Jahren
und 4 Monaten unternahm ich einen Suizidver-
such und zog mir schwerste Verletzungen zu. (…)
Etwa ein Jahr später sendete Sat1 die Classic-Serie.
Ich guckte mal rein und wurde Fan.«
(aus dem Brief einer 20jährigen Schülerin)

»The primary purpose of television is not to entertain people or amuse them. The primary purpose is
to sell deodorants.«
Gene Roddenberry

In der Episode *The Cage* gerät Christopher Pike, Kapitän des
Raumschiffs Enterprise, in die Fänge extraterristrischer Wesen.
Getrennt von Schiff und Mannschaft, wird Pike in einer Art unter-
irdischem Zoo von einer großköpfigen Spezies festgehalten und
für Experimente mißbraucht. Die Talusianer, so der Name dieser
Wesen, sind hochintelligent und mit telepathischen Fähigkeiten
ausgestattet, die es ihnen erlauben, Wünsche und Ängste als real
erscheinen zu lassen. Mit ihrer Technik der »Gedankenprojek-
tion« erzeugen sie virtuelle Welten, die die Grenze zwischen
Schein und Sein verschwimmen lassen. Eine ebenso mächtige wie
verhängnisvolle Fähigkeit: Die Erzeugung verführerischer Scheinwelten läßt die Reproduktionsfähigkeit der Talusianer verküm-
mern. Pike soll ihr Aussterben verhindern; ihm wird die Rolle des
Adam zugedacht. Gemeinsam mit einer blonden Eva soll er für
den Beginn einer Population von Sklaven sorgen, deren Arbeit das
Überleben der Talusianer sichern könnte. Pike durchschaut dieses

Vorhaben, und es gelingt ihm, zu entkommen. Wieder Herr der Lage, bietet er den nunmehr zum Untergang verdammten Wesen seine Hilfe an. Das Angebot wird von den Talusianern jedoch abgelehnt, mit dem Argument, daß auch die Menschen »die Kraft der Illusion erlernen und sich selbst zerstören« würden.

Ausgerechnet mit dieser Warnung vor der destruktiven Virtualität kunstvoll generierter Scheinwelten beginnt im Jahre 1965 eines der erfolgreichsten televisionären Illusionierungsprojekte: die *Star-Trek*-Saga. Kapitän Pike und seine Crew, soeben noch den talusianischen Geistesriesen entronnen, sollten dieses Paradox nicht überleben. Einzig der Schauspieler Leonard Nimoy, in der Rolle des Mr. Spock, wurde in den regulären Betrieb der ersten Serienproduktion (*TOS*) übernommen. Auf Pike folgte Kirk, auf Kirk Picard, auf Picard Sisko und auf Sisko Janeway: Seit über 30 Jahren versteht es der mit dem Label *Star Trek* versehene Geschichtenkosmos, sein Publikum weltweit zu faszinieren. In über 100 Staaten der Erde lassen sich über 30 Millionen Menschen Woche für Woche von den Abenteuern der Serienfamilie gefangennehmen. Mehr als zehn Millionen Mal verkauften sich die ersten fünf *Star-Trek*-Filme als Videokassette. *Star-Trek*-Bücher erreichen Millionenauflage, und der Umsatz durch Merchandising belief sich bis 1996 auf ca. zwei Milliarden Mark. Die phantastischen Gewinne des *Star-Trek*-Imperiums gründen auf einer bislang unerreichten Mobilisierungskraft: Keine andere Fernsehserie kann auf eine vergleichbar vielschichtige und vitale Fangemeinde zurückblicken. Allein die Zahl der in Clubs und Verbänden organisierten »Trekker« geht in die Millionen.

Die Versuche, in die Tiefen dieses ›Universums‹ vorzudringen, um endlich das Geheimnis der *Star-Trek*-Faszination zu lüften, dauern an. Immer mehr Spezies nähern sich neugierig der schillernden Anomalie am Medienhimmel. Sie beobachten, sammeln und systematisieren Detailwissen, legen Kartographien an und analysieren Zusammenhänge – freilich ohne dabei zu bemerken, daß sie bereits selbst Teil des von ihnen beschriebenen Phänomens geworden sind. Vom schriftstellernden Höfling der *Para-*

mount Pictures über den eigenwilligen Fan bis hin zum mißtrauischen Kritiker – sie alle werden ohne Unterschiede einverleibt und tragen dazu bei, daß das Phänomen unaufhaltsam expandiert. Die Frage nach der Faszination wird so zum Bestandteil der Faszination selbst. Zweifellos verkomplizieren Probleme dieser Art die Mission der Trekforscher nicht unerheblich, und selbst mit den ausgefeilten Beobachtungstechniken des Raumschiffs *Enterprise* (Gedankenverschmelzung, Subraumscans etc.) hätte man Schwierigkeiten, sich selbst beim Beobachten noch mit zu beobachten.

Bevor wir nun gleichfalls unweigerlich in den Bann der *Star-Trek*-Faszination gezogen werden, verbleiben wir noch für einen Moment außerhalb ihrer Reichweite und sichten die vorliegenden Berichte. Dabei fällt auf, daß insbesondere zwei Aspekte das fragliche Phänomen in besonderer Weise kennzeichnen: die unbezweifelbaren Unterhaltungsqualitäten der Serie einerseits und eine Art ›Mehrwert‹ über ein eskapistisches Moment hinaus andererseits. Es geht also nicht *nur* um Stars, Spannung und Spezialeffekte, vielmehr speist sich die Faszination auch aus einem *Star-Trek*-typischen Moment der Sinnstiftung. Zur näheren Bestimmung dieses Moments liegt es nahe, sich dem Begriff der Utopie zuzuwenden. Damit stehen wir zunächst vor der Frage, was mit diesem Begriff überhaupt bezeichnet werden soll.

Entgegen der alltagssprachlichen Fassung des Utopischen als Synonym für Unrealistisches und Weltfremdes finden sich im vorliegenden Band Definitionen, die das utopische Denken auf zwei strukturell unverzichtbare Momente zurückführen: Kritik (1) und Entwurf (2). Im Rückgriff auf diesen Vorschlag – sozusagen als kleinsten gemeinsamen Nenner – soll im folgenden Utopie als eigentümliche Relation (3) dieser beiden Momente begriffen werden:

(1) Utopien stehen in der Tradition der Aufklärung und des Humanismus: *Kritisiert wird das Unvernünftige*, der als unzureichend, ungerecht, mit einem Wort: unmenschlich eingestufte Ist-Zustand der Gegenwart. Die Kritik der Utopie zielt dabei nicht

nur auf einzelne Teilbereiche der mangelhaften Welt, sondern ist total. In diesem Sinne ist die utopische Kritik vor allem politische Kritik.

(2) *Utopische Entwürfe zielen auf Perfektion.* Der als mangelhaft erscheinenden Welt wird das Bild eines idealen Gemeinwesens entgegengehalten, eine gesellschaftliche Fiktion, die uns zeigt,»wie die Welt, in der wir leben wollen, sein oder nicht sein soll« (Richard Saage). Die totale Perspektive der Utopie kann dabei sowohl totalitär-geschlossene als auch diskursiv-offene Formen annehmen, wobei sich beide immer auf zwei Seiten beziehen: den Gleichheitsanspruch des gesellschaftlichen Gemeinwohls (gerechte Verteilung materieller und kultureller Güter) einerseits und den Anspruch einzelner Gesellschaftsmitglieder auf Freiheit und Individualität andererseits. Die Perfektion des utopischen Entwurfs zeigt sich in der Auflösung des hierin enthaltenen Spannungsverhältnisses. Während die ›klassische‹, als Wunschbild formulierte Utopie diese Spannung nahezu vollständig in Richtung perfekter Gleichheit und Preisgabe individueller Freiheit auflöste, wird in den utopischen Furchtbildern des 20. Jahrhunderts eben jene totalitäre Lösung zum Problem.

(3) *Utopie ist Kritik durch Entwurf.* Erst diese Zweck-Mittel-Relation von Negation und Position, Destruktion und Konstruktion schließt die Charakteristik der utopischen Form ab und legt ihre Eigentümlichkeit gegenüber anderen Formen (politischer) Kritik frei. Der ideale Entwurf von Gesellschaft und nicht das argumentierende Pamphlet oder die ironisierende Satire ist das Medium utopischer Kritik.

Damit ergeben sich drei Aspekte, die genügen sollen, um zu bilanzieren, was die Autoren dieses Bandes zur Frage nach dem Utopiecharakter von *Star Trek* zu sagen haben.

Das Kritikpotential von *Star Trek* wird insbesondere in den zahlreichen zeitgeschichtlichen Bezügen der Serie deutlich: Ob Kalter Krieg (*Assignment Earth*), Vietnamkrieg (*A Private Little War*; *The Hunted*), Nordirlandkonflikt (*The High Ground*), McCarthy-

Affaire (*The Drumhead*), Nationalsozialismus (*Patterns of Force*), Indianer (*Journey's End*), Abrüstung (*Armageddon Game*), Überbevölkerung (*The Mark of Gideon*) oder Migration (*Sanctuary*) – es gibt kaum ein brisantes politisches Thema, das von der *Star-Trek*-Produktion übergangen wurde. Dabei zeigt Martin Kasprzak anhand des Serienbeispiels *The Measure of a Man*, daß historische Parallelen erstaunlich konkrete Formen annehmen können, auch wenn die fiktive Handlung ihr irdisches Vorbild – hier einer der umstrittensten und zugleich folgenreichsten Sklavenprozesse der amerikanischen Geschichte – in ein gänzlich neues Gewand kleidet. Auch Karlheinz Steinmüller macht auf die mehr oder weniger »offensichtlichen Ähnlichkeiten« zwischen der *Enterprise*-Realität einerseits und der Realität US-amerikanischer Politik andererseits aufmerksam.

Kritik findet sich jedoch nicht nur in der mehr oder weniger expliziten Thematisierung politischer Fragen, vielmehr ist sie in dem angelegt, was gemeinhin als »*Star-Trek*-Philosophie« bekannt ist (vgl. dazu das Interview und die einleitenden Bemerkungen von Torsten Dewi). Auf das wohl prominenteste Beispiel dieser Art, den ersten Fernseh-Kuß zwischen einer Schwarzen (Nichelle Nichols als Uhura) und einem Weißen (William Shatner als Kirk) verweist Karlheinz Steinmüller. Dieser ›skandalöse‹ Vorfall des Jahres 1968 fand zwar unter dem telepathischen Einfluß mächtiger Außerirdischer statt, wurde aber von verschiedenen Sendern in den südlichen Bundesstaaten der USA trotzdem nicht ausgestrahlt. Die Schauspielerin Nichols war auch die erste Schwarze, die sich einen festen Platz im TV-Weltall erobern konnte. Überhaupt scheinen *Enterprise*, *Deep Space Nine* und *Voyager* als Heimathafen einer sich verschärfenden Minderheitenproblematik zu fungieren. Eben jene Differenzen, die auf der Erde immer neue Konfliktherde bilden und blutige Auseinandersetzungen auszulösen vermögen, erweisen sich in *Star Trek* als Garanten für das Überleben der Mission: Ob Schwarze oder Weiße, Junge oder Alte, Frauen oder Männer, Amerikaner, Japaner oder Bajoraner, Blinde oder Bärtige – sie alle und noch viele andere sollen uns zeigen, »that differences in ideas and attitudes are a delight, part of life's exciting variety not something to fear« (Gene Roddenberry). Aber nicht nur Intoleranz, Rassenhaß und Vernichtungswahn, sondern auch der unkontrollierte Einsatz von Technik und dessen verheerende Konsequenzen geraten immer wieder in das kritische Blickfeld der Serie. Mit Serienfolgen wie *The Changeling*, *Computer M5* und *When the Bough Breaks* thematisiert *Star Trek* eine unvernünftig gewordene Gegenwart des 20. Jahrhunderts und konfrontiert diese mit der Vernunft des 23. bzw. 24. Jahrhunderts.

Kritik allein jedoch reicht für eine Utopie noch nicht aus. Entscheidend ist vielmehr, ob sich das Kritische auch als gesellschaftlicher Gegenentwurf im Sinne eines idealen Gemeinwesens niederschlägt. Hierbei geht es vor allem um die Frage, inwieweit *Star Trek* über eine primär an Technik und Wissenschaft interessierte Science-fiction hinausreicht, Zukunft also auch hinsichtlich ihrer sozialen bzw. politischen Aspekte beschreibt (vgl. dazu die Unterscheidung von Science-fiction und Utopie bei Richard Saage). Auch hierfür finden sich Hinweise und Beispiele in den Beiträgen des vorliegenden Bandes: So betont Herfried Münkler, daß nicht die Technik an sich, sondern der Umgang mit einer technisierten Umwelt das zentrale Thema der Serie ist. Eine deutliche Anknüpfung an die Tradition utopischen Denkens sieht er vor allem in der Vorstellung einer prinzipiellen Kontrollierbarkeit von Technik. Das *Star-Trek*-Wunschbild beschreibt die Mensch/Maschine-Relation der Zukunft als ein Verhältnis, in dem der (vernünftige) Zweck die (technischen) Mittel beherrscht, nicht umgekehrt. Vorgeführt wird also nicht, wie die Welt *ist* oder auch nur sein *könnte*, sondern *wie die Welt, in der wir leben wollen, sein soll* – eine Utopie. Das Serienszenario beschränkt sich dabei nicht auf Technikfragen allein, sondern bezieht auch allgemeinere Gesichtspunkte gesellschaftlicher Organisation mit ein (vgl. dazu den Kurzüberblick bei Stefan Berreth und Christopher Witte). Vor diesem Hintergrund sieht auch Richard Saage die Serienproduktion *Star Trek – The Next Generation* in der Tradition positiver Zukunftsvisionen. Die *action* weicht der *reflection*. Dabei scheint *Star Trek* an diejenigen Entwicklungen utopischen Denkens anzuschließen, deren Credo nicht mehr der hermetisch abgeriegelte Gesellschaftsplan des Thomas Morus ist, sondern ›Offenheit‹ und ›Lernbereitschaft‹ (Kai-Uwe Hellmann). In der »Mikro-Utopia« (Karlheinz Steinmüller) des Raumschiffes *Enterprise* ist das Utopische nicht der Endzustand einer Gesellschaft, sondern humanistischer Horizont. Darin liegt die ›Perfektion‹ des Entwurfs, denn nur unter Beibehaltung einer auf ständige Veränderung abzielenden (utopischen) Denkbewegung ist es der Menschheit des 23. und 24. Jahrhunderts möglich, den technologischen Fortschritt durch eine kontinuierliche moralische Fortentwicklung zu begleiten. In dieser »Koevolution« von Moral und Maschine sieht Herfried Münkler die Weiterführung einer utopiekritischen Tradition, die nicht mehr auf Gleichheit durch totale Kontrolle, sondern auf Fortschritt durch Selbstbeschränkung setzt.

Bei aller strukturellen Ähnlichkeit und Nähe der Serie zur utopischen Form bleiben die meisten Beiträge dieses Bandes aber skeptisch oder lehnen diese Verwandtschaft sogar rundheraus ab: Zuwenig erfährt der Zuschauer über die politische Verfaßtheit des vorgeführten Gesellschaftsmodells, zu stark dominiert die technische Phantasie. Kritik bleibt nur vage Andeutung bzw. entfaltet sich als Ideologie. Das Utopische existiert nur als eines von vielen Themen, gewinnt aber keine Eigenständigkeit als Form. Wie andere Serien gehorcht auch *Star Trek* den »Prämissen des seriellen Erzählens« (Knut Hickethier), die einzig und allein am Fortgang der Erzählung interessiert sind und deren Kontinuität über immer neue Variationen konventioneller Erzählmuster organisiert wird. Das ist das ›Borg-Prinzip‹: Assimiliert wird, was dem System nutzt. Dieses dem altbösen Feind der Sternen-Trekker heimlich entlehnte Programm bleibt nicht ohne Folgen und rächt sich in Gestalt fundamentaler Inkonsequenzen: Nicht das Vertrauen auf den vernünftigen Menschen, ausgestattet mit Verstand und Intuition, sondern das Vertrauen in Technik ist der Letztbezug des in

Star Trek postulierten Humanismus. Die einer jeden Utopie zugrundeliegende stabilitätsstiftende Vernunft entpuppt sich auf der *Enterprise* als Bordcomputer (Rainer Matzker), das Bekenntnis zum mühsamen Weg ins aufgeklärte Zeitalter als halbherzig (Kai-Uwe Hellmann).

Vor dem Hintergrund dieser Beobachtungen erscheint die Serie nicht mehr als utopischer Gegenentwurf, sondern als Spiegel einer problematisch gewordenen Moderne, die ihre selbstproduzierten Risiken als Normalfall behandeln muß: Rainer Matzker zeigt dieses am Beispiel des sich vom Menschen emanzipierenden technischen Systems und Kai-Uwe Hellmann am Scheitern »paradigmatischen Lernens«.

Die Identifizierungsversuche des Utopischen in *Star Trek* lassen in Ansätzen eine überaus vertraute Lagermentalität erkennen – kulturoptimistische Positionen hier, kulturkritischer Pessimismus dort:

In der kulturoptimistischen Perspektive beruht die Faszination von *Star Trek* auf der frohen Serienbotschaft des Humanismus und der Aufklärung. Die unmenschlichen Weiten des Universums gelten als Zapfstelle für die Maximen der Menschlichkeit, als Anleitung bzw. Aufforderung für ein besseres Leben im Hier und Heute, mit einem Wort, als Utopie: Es sind die Genialität des Serienschöpfers Roddenberry, die Virtuosität seiner Stellvertreter und Adlaten sowie der Scharfsinn und die Begeisterungsfähigkeit des Publikums, die das Phänomen zum Faszinosum erheben.

Auch die Kritiker kommen auf ihre Kosten, erhalten sie doch mit *Star Trek* die Gelegenheit, das Funktionieren der Kulturindustrie an einem ihrer glänzendsten Markenartikel zu demonstrieren. Das Moment der Sinnstiftung wird hier als Ideologie entlarvt. Nur notdürftig verbirgt die als tolerant und vernunftbetont getarnte Zukunftsvision ihre autoritäre und technikfixierte Fratze. Utopische Bezüge erscheinen lediglich als erzähltechnischer Zierrat, als auswechselbare Facette des Unterhaltungsprodukts. Die Zukunft erstarrt zur Kulisse für die Wiederkehr des ewig Gleichen. Und die Faszination entpuppt sich als Folge eines ebenso wohlkalkulierten wie einlullenden Manövers der Bewußtseinsindustrie, das dem Konsumenten seine Konformität als utopisches Denken zu verkaufen sucht.

Ganz ohne Zweifel gebührt der kritischen Sichtweise das Verdienst, die Naivität der kulturoptimistischen (der Kritiker würde sagen »affirmativen«) Denkbewegung zu enttarnen: Gelang den Machern von *Star Trek* in den Anfangsjahren der Serie immerhin noch die Provokation rassistischer und militaristischer Selbstverständlichkeiten, so hat sich dieses spätestens seit den 70er Jahren gewandelt. Bei allem Erfindungsreichtum ist die Serie nicht mehr das Gegenbild zur öffentlichen Meinung, sondern dessen Verlängerung. Der Serienkosmos gefällt sich in einer Mainstream-Moral, die den relativ schlichten Appell zu mehr Toleranz und Verständnis bereits als bahnbrechende philosophische Errungenschaft feiert, gleich so, als sei mit der Forderung selbst auch schon die Frage nach dem ›Wie‹ des Geforderten beantwortet. Bot die verabsolutierte Vorstellung perfekter Gleichheit des Thomas Morus noch eine kraftvolle Kontrastfolie zur sozialen Ungerechtigkeit seiner Zeit, konnten George Orwell und Aldous Huxley die Tendenzen technokratisch-etatistischer Wahnvorstellungen in ihrer Pervertierung vorführen, lassen sich in *Star Trek* allenfalls noch leise Ermahnungen ausmachen. Nicht Kontingenz ist das Ergebnis, sondern Konformität, nicht die Erschütterung der Verhältnisse, sondern deren Bestätigung.

Aber auch die Kritiker weisen im nüchternen Sinne des Wortes Borniertheiten auf, versteifen sie sich doch auf das verstaubte Bild vom passiven Konsumenten, der nur darauf zu warten scheint, verblendet zu werden. Dem kritischen Verständnis liegt darüber hinaus ein Begriff von Unterhaltung zugrunde, der diese einzig und allein auf das Moment der Trivialität zurückführt. Infolgedessen erscheinen Unterhaltungsangebote vorrangig als Vehikel eskapistischer Ausweichmanöver angesichts einer als lästig empfundenen Realität – als Vernichtung überflüssiger Zeit. Diese Einschätzung ist ebenso richtig wie trivial: Indem der Unterhaltung vorgeworfen wird, was sie (auch) ist – nämlich triviale Unterhaltung –, bestätigt sich der Kritiker das eigene (kritische) Anspruchsniveau.

Im Rückblick wird deutlich, daß Utopisches in *Star Trek* sich vor allem dann ausmachen läßt, wenn das Phänomen auf strukturelle Ähnlichkeiten hin verglichen wird. So sind es auch primär die am Utopiegenre interessierten Beiträge, die den ›Bestseller‹ *Enterprise* in der altehrwürdige Tradition politischer Kritik verorten können. Dem mit utopischer Emphase ausgestatteten ›kritischen‹ Blick hingegen hält die vom Serienvater Gene Roddenberry immer wieder hervorgehobene kritische Intention des Unternehmens *Star Trek* nicht stand. Nicht Utopie, sondern Ideologie, Mythos und Religion dämmern hier als die andere Seite der Unterhaltung herauf.

Die Unterscheidung zwischen Unterhaltung und Utopie, mit der das Serienphänomen *Star Trek* in den Blick genommen wird, erweist sich als zweischneidig: Zwar lassen die Analysen Ähnlichkeiten und Unterschiede zur Tradition des utopischen Denkens erkennen, die Frage nach der Faszination aber bleibt davon weitgehend unberührt. So scheinen alle vorliegenden Beiträge, die sich mit dieser Frage befassen, in einem Punkt übereinzustimmen: Es ist die unerschütterliche Zuversicht in eine bessere Zukunft, die die wichtigste Quelle der Faszination von *Star Trek* ausmacht. Dies gilt sowohl für die Versuche, in der Serie Elemente einer zeitgemäßen Utopie zu identifizieren, wie für Bewertungen, die auf einen regressiv-ideologischen Gehalt von *Star Trek* schließen lassen. Die Frage nach dem utopischen Charakter erscheint vor diesem Hintergrund eher von nachrangiger Bedeutung. Darüber hinaus kann das ungewöhnlich starke Mobilisierungspotential der Serie mit ihr nicht ausreichend erklärt werden. Es liegt also nahe, unser Beobachtungsinstrument einer erneuten Prüfung zu unterziehen.

Zum einen fällt eine empfindliche Beschränkung auf: Mit der Unterscheidung zwischen Utopie und Unterhaltung geraten vor allem inhaltliche und formale Aspekte der Serie in den Blick, die offenen und versteckten ›Botschaften‹, die serielle Bauweise etc., kurzum die Textebene des Medienprodukts. Die Frage nach der Faszination bzw. nach den Ursachen der erstaunlichen Beliebtheit von *Star Trek* verlangt jedoch eine Erweiterung dieser Perspektive um die Ebene der Rezeption: Welche Motive und Beweggründe liegen dem Nutzen von Unterhaltungsangeboten zugrunde? Fragen dieser Art lassen sich nicht (allein) über die Textebene erschließen, sondern erfordern die Beobachtung des Medienhandelns der Zuschauer selbst.

Zum anderen erweist sich das mit unserer Unterscheidung formulierte Ausschlußverhältnis als problematisch. Dieses gilt insbesondere dann, wenn sie von der Unterscheidung trivial / nichttrivial überformt wird: Was (triviale) Unterhaltung ist, kann nicht (nicht-triviale) Utopie sein! Eine Behauptung, die an die sattsam bekannte »U / E«-Trennung aus der Musik und die hierin eingelassene Abwertung gegenüber dem scheinbar ›Nicht-Ernsten‹ erinnert. Angesichts des Ernstes, der der Unterhaltungsmusik entgegengebracht wird einerseits, und dem leicht-sinnigen Gebrauch von ernster Musik andererseits, muß die Unterscheidung jedoch kollabieren.[1] Nicht anders ergeht es der Unterscheidung zwischen Utopie und Unterhaltung, und jede weitere Klärung bedarf nicht nur eines Ernstnehmens des Utopie-, sondern vor allem des Unterhaltungsbegriffs. Denn soviel steht fest: Das *Medien*produkt *Star Trek* ist weder Nachricht, Bericht noch Werbung, es ist Unterhaltung![2] Die Suche nach der Quelle der Faszination wäre also gut beraten genau hier, quasi im Zentrum des Phänomens anzusetzen.

Vor dem Hintergrund dieser Überlegungen ist es erforderlich, sich der nicht-trivialen Seite der Unterhaltung zuzuwenden. Mediale Unterhaltungsangebote zielen demnach in erster Linie nicht auf »Verstimmungen des Gemüts« und gewohnheitsmäßige Zerstreuung – dies befürchtete jedenfalls noch Kant in bezug auf die Lektüre von Romanen –, sondern, so Luhmann, auf Orientierung bzw. die »Aktivierung von selbst Erlebtem, Erhofftem, Befürchtetem, Vergessenem – wie einst die erzählten Mythen. Was die Romantiker vergeblich herbeisehnten, eine ›neue Mythologie‹ wird durch die Unterhaltungsformen der Massenmedien beschafft.« Im Unterschied zu den Nachrichten und Berichten der Massenmedien, die an Fakten orientiert sind und vornehmlich die Belehrung eines als interessiert, aber passiv vorgestellten Publikums intendieren, stellt die Unterhaltung es dem Individuum frei, sich belehren zu lassen. In diesem Sinne rechnen Unterhaltungsangebote »mit Individuen, die ihre Identität nicht mehr aus ihrer Herkunft beziehen, sondern sie selber gestalten müssen«.[3] Zu ähnlichen Einschätzungen kommt auch die neuere psychologische Medienforschung, wenn sie die Nutzung von Unterhaltungsangeboten nicht mehr (nur) als Realitätsflucht oder Regulierung von Erregungszuständen begreift, sondern als eine Möglichkeit, die »eigene Identität zu stabilisieren und zu erweitern«.[4]

Star Trek als faszinierendes Potential für Identitätsarbeit? Um diesem Gedanken mehr Plausibilität abzugewinnen ist es notwendig, sich abschließend den heimlichen Protagonisten der Serie zuzuwenden – den Fans.

In einem Punkt sind sich Fans und Kritiker einig: Das Medienprodukt *Star Trek* hat sich im Laufe seiner über 30jährigen Geschichte zum Kultobjekt entwickelt. Sprüche wie »Beam me up, Scotty« können selbst von Nichteingeweihten mühelos der Serie zugeordnet werden. Längst haben die Ikonen der Serie die Grenze der televisionären Fiktion gesprengt und sind in die reale Welt übergewechselt. Daß diesem Umstand auch an höchster Stelle Rechnung getragen wird und *Star Trek* schon fast zum nationalen Kulturerbe der USA gezählt werden kann, zeigt die Aufnahme der *Enterprise* in den Bestand des nationalen Luft- und Raumfahrtmuseums in Washington. Das über vier Meter lange Originalmodell des Fernsehraumschiffes von Kapitän Kirk und seiner Besatzung findet man hier gleich neben der ebenfalls originalen Kapsel der legendären Mondrakete Apollo 11. Der erste *Space Shuttle* wurde im Beisein von Gene Roddenberry sowie seiner Hauptdarsteller auf den Namen *Enterprise* getauft. Eine Kapelle spielte das *Star-Trek*-Thema.

Im Unterschied zu religiösen Kulthandlungen kennt die massenmediale Variante kultischer Verehrung nicht nur Formen ritualisierter Ehrfurchtsbezeugungen, sondern auch die ironisierende Verfremdung ihres Objekts. Dies gilt für die Fangemeinde von *Star Trek* ebenso wie für die des Rock 'n' Roll Stars Elvis Presley. Während sich der Elvis-Kult jedoch auf die Genialität nur einer Person konzentrieren und vornehmlich mit Nachahmungen seines Idols beschäftigen konnte, avanciert im Falle von *Star Trek* das Medienprodukt selbst zum Star. Dies blieb nicht ohne Folgen: Die seit der Gründung des ersten Fanclubs im Jahre 1972 auf derzeit ca. drei Millionen angewachsene Schar bekennender *Star-Trek*-Fans zeichnet sich mittlerweile durch einen Grad an Ausdifferenzierung aus, der mindestens ebenso faszinierend ist wie die Serie selbst. Mit dieser Entwicklung ist seit Anfang der 80er Jahre ein entscheidender Wandel eingetreten, der das Faszinosum *Star Trek* in einem neuen Licht erscheinen läßt. Neben dem eigentlichen Serien-Kosmos ›enttarnt‹ sich eine neue Welt: das Paralleluniversum der Fans, dessen eigentümliche Ausgestaltung zuweilen ebenso bizarre wie perfektionistische Züge annehmen kann. So berichtet *Die Woche* am 12. Juli 1996 unter der Überschrift »Fortbildung der Woche« von einer neuen ›Außenstelle‹ der Sternenflotten-Akademie: »Aus Tarnungsgründen wurde für die Einrichtung der Raumbasis *Startrap* ein unscheinbares Haus in Hamburg-Wandsbek ausgewählt, wo sich Erdlinge im Flugsimulator zum Fähnrich ausbilden lassen können. Die Kadetten werden in ihre Mission eingewiesen und starten dann mit dem Raumgleiter ›USF Superior‹ zu Übungsflügen. (...) Von der Kostümierung der Besucher und des Teams über das spacige Raum-Design bis zur Unendlichkeit des Alls vor den Fenstern stimmt jedes Detail. Wer die Ausbildung nach dem finalen Prüfungsflug erfolgreich absolviert hat, kann das in der hauseigenen Space-Bar feiern – bei einem Drink mit den Außerirdischen.«

Identitätsreservate dieser Art ermöglichen es den Teilnehmern, versuchsweise in die Rollen ihrer Serienvorbilder zu schlüpfen, freilich mit der Option, sie jederzeit wieder gefahrlos verlassen zu können. Das televisionäre Erleben der *Star-Trek*-Geschichten scheint den Fans nicht mehr auszureichen: Neben den zahlreichen unabhängigen Fanclubs organisieren sich die »Trekker« teilweise in hierarchischen Strukturen, die ihr Vorbild in der militärischen Rangordnung der »Sternenflotte« haben. Ähnliches gilt auch für einige der Fanclubs, die sich auf eine der kriegerischen Weltraumspezies spezialisiert haben, die als Gegenspieler der »Föderation« gleichsam die dunkle Seite der Menschheit repräsentieren.

Doch trotz der angestrengten Bemühungen, die Serienwelt in die Welt der Fans hineinzukopieren, bleibt die Eigendynamik solcher Unterfangen unverkennbar. Nicht die Nachahmung im Rollenspiel, sondern die zunehmende Abkoppelung von der Serie erscheint als das Charakteristische des Paralleluniversums: Beide Welten existieren zwar zeitgleich und wären ohne die jeweils andere Seite kaum überlebensfähig, sind aber nicht kausal miteinander verknüpft.

Beispielhaft für diese Beziehung stehen die Aktivitäten des »Klingon Language Institute« (KLI) mit Sitz in den USA, das sich seit 1992 um die Entwicklung und Pflege des Klingonischen verdient gemacht hat, einer Kunstsprache, die im Auftrag der Paramount Studios schon Mitte der 80er Jahre für die fiktiven Bösewichter von *Star Trek* erfunden wurde. Doch damit nicht genug: Mittlerweile liegen die vollständigen Übersetzungen der Bibel (altes und neues Testament) sowie des Hamlet vor. Mit dem KLI konnte sich ein internationales Projekt von Sprachwissenschaftlern, Philologen, Informatikern und Psychologen etablieren, das sich um die »Erforschung der sich am schnellsten verbreitenden Sprache der Galaxis« kümmert (O-Ton der Selbstdarstellung im Internet). Bislang konnten vorgelegt werden: »The Klingon Dictionary« sowie »Conversational Klingon« und »Power Klingon«, zwei Audiokassetten, »die Ihnen helfen können, die klingonischen Laute und einige nützliche Redewendungen zu erlernen«.

Die Vierteljahresschrift »HolQeD« widmet sich in akademischer Absicht der »Sprache und Kultur der Klingonen« und ist in der *Library of Congress* eingetragen.[5]

Anzeichen für die Verselbständigung von Fanaktivitäten finden sich nicht nur in den wissenschaftlichen Kabinettstückchen amerikanischer Linguisten, sondern bereits in den zahllosen Fanzines sowie Newsgroups und Mailinglists des Internet. »... to boldly explore the best Star Trek sites in the galaxy« lautet das Motto des »Starship USS Internet«, auf seiner unermüdlichen Suche nach der »Star-Trek-Page of the week«. Und auch Deutschlands größter Fanverband, der 7000 Mitglieder starke »Star Trek Club Europa« (STCE), scheint sich vorrangig mit sich selbst zu beschäftigen: »seit seiner Gründung im Jahre 1976 streift der STCE durch die STARTREK Fanwelten (...) und kann dementsprechend einiges bieten«: Von der »Kaffeetasse mit ›Beam-Effect‹ – Kirk und Spock verschwinden bei heißer Flüssigkeit« für knapp 27 Mark bis zu Boxershorts (wahlweise mit Raumschiff-Motiven oder Symbolen) für knapp 40 Mark, der »Shopservice« des Clubs hält für jeden das Richtige parat.

Ob »net.trekker«, »realnet.trekker« oder eines der anderen elektronischen Diskussionsforen – sie alle lassen sich von einem Grundprinzip leiten: »...to bring this huge community together and to try to create something neat and useful for all the Trekkers out there!« Konkreteres ist in der Regel nur von den thematisch enger gefaßten Angeboten zu erwarten, wie zum Beispiel dem Forum »alt.wesley.crusher.die.die.die«, der »James T. Kirk Sing-a-long page«[6] oder einfach unter dem Stichwort »gaytrek«.

Insbesondere aber die mit großem Ernst geführten exegetischen Dispute lassen nur noch mit Mühe den Kontakt zwischen Fan und Serie erahnen: Sei es die Feineinstellung des Replikatorsystems der *Enterprise* und dessen Schwierigkeiten bei der Generierung von Kaviar, theoretische Bestimmungen der maximalen »Warp«-Geschwindigkeit oder einfach nur die Erörterung des Sinns und Zwecks von »Linear-Kalibrations-Subspace-Fluß-Sensoren« – der Serienkosmos liefert unendlichen Gesprächsstoff, der vom Fanuniversum aufgegriffen und weiterentwickelt wird, ohne daß eine reelle Aussicht auf Klärung bestünde.

Ebenso wie die Technikprosa verselbständigt sich in zunehmendem Maße der philosophische Überbau der Serie: Hier ringt ein namenloser Autor zwischen Serienzitat und fernöstlicher Weisheit um die Wiedergewinnung der »essential themes of Star Trek«, dort streiten aufgewühlte Hitzköpfe um die feinen Unterschiede zwischen der 23. und 24. Direktive.[7] Die schwierige Frage, welche der vielen Filme, Publikationen, Serienproduktionen, Schnitt- und Synchronisationsfassungen etc. in den Serienkosmos und damit auch in dessen Exegese einbezogen werden sollen, wurde mittlerweile sinnvollerweise in die Spezialdebatte mit dem Titel »Canon vs. Non-Canon« ausgelagert.

Trotz aller Themenvielfalt lassen sich auch für das Paralleluniversum Formen der Grenzziehung erkennen, die darüber entscheiden, wer dazugehört und wer nicht: An der Außenseite der Grenze findet sich die bereits oben angesprochene »Philosophie« von *Star Trek*. Sie legitimiert den Fan, versieht seine Leidenschaft mit gesellschaftlich weithin akzeptiertem Sinn und setzt ihn zugleich vom sogenannten »Mundane«, dem Nicht-Fan ab. Auf der Innenseite der Grenze hingegen wird lediglich ein Mindestmaß an Kommunikationsbereitschaft erwartet. Detailwissen oder Phantasie sind zwar hilfreiche, nicht aber notwendige Bedingungen, um in die Welt der Fans eintreten zu können. Erlaubt ist, was gefällt. Die Möglichkeiten, sich auf *Star Trek* einzulassen, reichen von der wissenschaftlich-seriösen Beschäftigung mit dem Realitätsgehalt des »Beamens« und des »Warp-Antriebs«[8] über kreative Nachbildungen der *Enterprise*, etwa als fleißige Häkelarbeit, filigranes Sperrholzmodell oder als spröde ASCII-Kunst, bis hin zur Parodie.[9]

Diese Beispiele mögen genügen, um die Bedeutung der Mobilisierung der Fans nicht nur als Folge, sondern auch als Quelle der *Star-Trek*-Faszination zu verdeutlichen. Denn mit dem Paralleluniversum eröffnet sich eine breite Palette von Identitätsangeboten, die zumindest einen entscheidenden Vorteil aufweisen:

Ob als Teilnehmer eines Kostümwettbewerbs, Organisator eines »Trek-Dinners«, intimer Kenner des Serienkosmos, Leserbriefschreiber, Künstler, Autogrammjäger oder einfach nur harmoniesüchtiger Seriensympathisant, sie alle finden Rückhalt in einer Community, die keine weiteren Legitimationspflichten erkennen läßt.

Für wie entbehrlich dabei die Einhaltung der *Prime Directive* gehalten wird, zeigen nicht zuletzt die zahllosen Bemühungen der Fans, die Geschicke des *Star-Trek*-Universums zu beeinflussen. Daß diese Interventionsversuche ihr Vorbild nicht unbedingt in den Aktionen der *Enterprise*-Besatzung suchen, sondern auch ganz anders gelagerten Maximen folgen können, geht unter anderem aus einer Briefkampagne hervor, die den drohenden Serientod des Schauspielers Leonard Nimoy in *Star Trek II – The Wrath of Khan* abzuwenden versuchte. Ein Brief an Regisseur Nicholas Meyer prophezeite damals düster: »Wenn Spock stirbt, stirbst auch Du!«

So untypisch diese Form von Fanfanatismus für die *Star-Trek*-Phänomene insgesamt zu sein scheint, ist doch eines sicher: Sollte Kapitain Kirk und den Seinen je der Raum-Zeit-Sprung in das Paralleluniversum ihrer Anhänger gelingen, würde die Diagnose des Schiffsarztes Dr. Leonard McCoy einmal mehr lauten: »It's life, Jim – but not as we know it.«

Anmerkungen

»Also, das ist wie ein kleines Völkchen«

1 Teilnehmer: Oliver Thomas Domzalski (Jahrgang 1960), Tamara Hahn (1961), David Hauptmann (1967), Kai-Uwe Hellmann (1962), Arne Klein (1965), Anja Otto (1976). Das Gespräch fand im Juni 1996 in Berlin statt.

Richard Saage, Utopie und Science-fiction

1 Hans Jonas, Das Prinzip Verantwortung. Versuch einer Ethik für die technologische Zivilisation, Frankfurt am Main 1984, S. 67 u. 64 f.

2 Ebd., S. 67.

3 Ebd.

4 Ebd., S. 67 f.

5 Martin Schwonke, Vom Staatsroman zur Science-fiction. Eine Untersuchung über Geschichte und Funktion der naturwissenschaftlich-technischen Utopie, Stuttgart 1957, S. 4 f.

6 Ebd., S. 89.

7 Vgl. hierzu Richard Saage, Politische Utopien der Neuzeit, Darmstadt 1991.

8 Zu den Differenzen zwischen dem intentionalen, dem totalitarismustheoretischen und dem klassischen Utopiebegriff vgl. Richard Saage, Einleitung, in: ders., Vermessungen des Nirgendwo. Begriffe, Wirkungsgeschichte und Lernprozesse der neuzeitlichen Utopien, Darmstadt 1995, S. 1–16.

9 Klaus Burmeister / Karlheinz Steinmüller (Hg.), Streifzüge ins Übermorgen. Science-fiction und Zukunftsforschung, Weinheim und Basel 1992.

10 Zu dieser begrifflichen Unterscheidung vgl. Andreas Voigt, Die sozialen Utopien. Fünf Vorträge, Leipzig 1906, S. 18 ff.

11 Vgl. Saage, 1991.

12 Karlheinz Steinmüller, »Zukunftsforschung und Science-fiction: No Close Encounters?«, in: Burmeister & Steinmüller, 1992, S. 17.

13 Vgl. Schwonke, 1957, S. 15.

14 Vgl. hierzu Saage, 1991, S. 151–233.

15 Florian F. Marzin, »Weltentwürfe. Die Konstruktion von Szenarien in der Science-fiction«, in: Burmeister & Steinmüller, 1992, S. 236.

16 Schwonke, 1957, S. 35.

17 Reinhart Koselleck, »Zur Verzeitlichung der Utopie«, in: Hans-Jürg Braun (Hg.), Utopien – Die Möglichkeit des Unmöglichen. 2. Auflage, Zürich 1989, S. 84.

18 Axel Zweck, Technikeinschätzung und Science-fiction, in: Burmeister & Steinmüller, 1992, S. 190.

19 Ebd.

20 Olaf R. Spittel, »Wie denkt Science-fiction?«, in: Burmeister & Steinmüller, 1992, S. 168.

21 Carl Amery, »Du bist Orplid mein Land. Überlegungen eines Autors von Alternativwelten«, in: Burmeister & Steinmüller, 1992, S. 274.

22 Ebd., S. 274 f.

23 Schwonke, 1957, S. 47.

24 Ebd., S. 79.

25 Ebd., S. 43.

26 Vgl. Saage, 1991.

27 Schwonke, 1957, S. 44.

28 Marzin, 1992, S. 243.

29 Ebd., S. 239.

30 Brian Stableford, »Zukunftsstudien und Science-fiction. Das Beispiel Großbritannien«, in: Burmeister & Steinmüller, 1992, S. 67–78.

31 H. G. Wells, A Modern Utopia. Introduction by Mark R. Hillegas, Lincoln 1967, S. 36.

32 Ebd., S. 44.

33 Ebd., S. 10 f.

34 Schwonke, 1957, S. 101.

35 Ebd., S. 103.

36 Erik Simon, »Der Zerfall der Zukunft. Die kommunistische Utopie im Werk der Strugatzkis«, in: Burmeister & Steinmüller, 1992, S. 151.

37 Vgl. »Star Trek – The Next Generation«, in: Steadicam. Eine Filmzeitschrift, Sommer 1994, S. 2.

38 Aleksandr Aleksandrowitsch Bogdanow, Der rote Planet. Ingenieur Menni. Utopische Romane. Aus dem Russischen von Reinhard Fischer und Aljonna Möckel, Berlin 1989, S. 13.

39 Vgl. Ursula K. Le Guin, The Dispossessed, London 1988.

40 Spittel, 1992, S. 173.

41 Schwonke, 1957, S. 70.

42 Michael Salewski, »Andere Welten, andere Geschichte: Verheißung oder Drohung?«, in: Burmeister & Steinmüller, 1992, S. 55.

43 Ebd., S. 54.

44 Ebd., S. 61.

Herfried Münkler. **Moral und Maschine**

1 Vgl. dazu Herfried Münkler, »Das Ende des Utopiemonopols und die Zukunft des Utopischen«, in: Hat die politische Utopie eine Zukunft?, hg. von Richard Saage, Darmstadt 1992, S. 207–214.

2 Diese Überlegungen finden sich am prägnantesten in Marcuses Buch Der eindimensionale Mensch. Studien zur Ideologie der fortgeschrittenen Industriegesellschaft, Neuwied und Berlin 1967, sowie in dem Kapitel »Natur und Revolution« in dem Band Konterrevolution und Revolte, Frankfurt/M. 1973, S. 72 f.

3 Ernest Callenbach, Ecotopia (1975); dt. Übersetzung unter dem Titel Ökotopia, Berlin ²1979.

4 Bellamys Looking Backward war Ende des vergangenen Jahrhunderts ein Bestseller; es wurde in den USA in Millionenauflage verkauft und in seiner Verbreitung in der amerikanischen Literatur des 19. Jahrhunderts nur noch durch Uncle Tom's Cabin übertroffen. Das Buch wurde in viele Sprachen übersetzt, u. a. auch ins Deutsche (Ein Rückblick aus dem Jahre 2000 auf das Jahr 1887, dt. von A. Fleischmann, Leipzig ³1890). Der publizistische Erfolg des Buchs führte zur Gründung von Clubs, die sich die Verbreitung und Realisierung von Bellamys Ideen zum Ziel setzten (vgl. Krishan Kumar, Utopia and Anti-Utopia in Modern Times, Oxford 1987, S. 132–167). Es gibt also mehrere Gründe, Star Trek mit Looking Backward zu vergleichen.

5 William Morris, Kunde von Nirgendwo. Ein utopischer Roman, hg. von Wilhelm Liebknecht, Stuttgart ²1914.

6 Günther Anders, Die Antiquiertheit des Menschen. Bd. 1: Über die Seele im Zeitalter der zweiten industriellen Revolution, München ⁷1985, S. 239 (Hervorhebungen von Anders, H. M.).

Stefan Berreth/Christopher Witte.
Kollektiv der Feindbilder

1 Man nennt solche Kreaturen, nicht nur in *Star Trek*, auch CyBorg, abgeleitet von »cybernetic organism«.

Karlheinz Steinmüller, **Beinahe eine sozialistische Utopie**

1 Welch ein Kontrast zu Kolonien – Flottenstützpunkten und Handelsniederlassungen – wie *Deep Space Nine*, wo wilder Ferengi-Kapitalismus Urstände feiert!
2 Angela u. Karlheinz Steinmüller, Vorgriff auf das lichte Morgen, Passau, 1995, S. 103.
3 So wie in die Crew der *Enterprise* mit Checkov ein Russe und in *Star Trek – The Next Generation* mit Worf ein Vertreter der ehemaligen klingonischen Gegner – mit russischen Pflegeeltern! – integriert wurde.
4 »Star Trek«, *Moviestar Sonderheft* 1993, S. 6.
5 Vgl. Steinmüller 1995, Simon/Spittel 1988. – Ein »interplanetarischer Revolutionär« ist Captain Kirk nun allerdings nicht. In der Episode *Die Wolkenstadt* ergreift er zwar für die offensichtlich ausgebeuteten Minenarbeiter Partei, doch seine Lösung bleibt innerhalb des Systems: Er erfindet den Arbeitsschutz, indem er ihnen Gasmasken verschafft.
6 Auch der Außerirdische Gary Seven in der Episode *Ein Planet, genannt Erde* sieht hier die kritischste Epoche in der Geschichte der Erde.
7 Vgl. Müller (1994), speziell Kap. 3.5 »Manifest Destiny«.
8 Man vergleiche die Wiederaufnahme des Motivs im Pilotfilm von *Star Trek – The Next Generation* »Der Mächtige/Mission Farpoint«.

Kai-Uwe Hellmann.
»Sie müssen lernen, das Unerwartete zu erwarten.«

1 Captain Jean Luc Picard zur Begrüßung eines neuen Crewmitglieds in der Folge *Der Feuersturm*.
2 Johannes Gottfried Herder, Wort und Begriff der Humanität, in: Was ist Aufklärung? Kant, Erhard, Hamann, Herder, Lessing, Mendelssohn, Riem, Schiller, Wieland. Stuttgart 1974, S. 38.
2a Gotthold Ephraim Lessing, Über die Wahrheit, in: Was ist Aufklärung?, S. 43.

3 Immanuel Kant, Beantwortung der Frage: Was ist Aufklärung?, in: Was ist Aufklärung?, S. 15.

4 Herder, ebd.

5 Vgl. Hans Freyer, Die politische Insel. Eine Geschichte der Utopien von Platon bis zur Gegenwart, Leipzig 1936. Eigentlich spricht Freyer von vier Gesetzen; im Kern sind es aber nur drei, da die ersten beiden das letzte schon beinhalten.

6 Georg Quabbe, Utopie und Reform, in: Arnhelm Neusüss (Hrsg.): Utopie. Begriff und Phänomen des Utopischen, Frankfurt/M. 1986, S. 289.

7 Vgl. Fred Polak, Wandel und bleibende Aufgabe der Utopie, in: Neusüss (Hrsg.). Die Zitate finden sich auf den Seiten 371, 377, 369, 366 f., 369, 374 und 370.

8 Ausgenommen die Folge *Das Ende der Reise*, in der Wesley Crusher zu einem Zeitreisenden wird, ganz ähnlich wie in der Folge *Wer ist John?*.

9 Michel Foucault, Der Gebrauch der Lüste. Sexualität und Wahrheit 2, Frankfurt/M. 1986, S. 15.

10 Vgl. Thomas S. Kuhn, Die Struktur wissenschaftlicher Revolutionen, Frankfurt/M. 1976.

11 Michel Foucault, Die Ordnung der Dinge. Eine Archäologie der Humanwissenschaften, Frankfurt/M. 1988, S. 462.

Jacqueline de Giacomo. **Der intergalaktische Quotenbarde**

1 Hamlet II.2: »To be or not to be (...) To die, to sleep (...) Who would fardels bear, To grunt and sweat under a weary life, *But that the dread of something after death, The undiscover'd country from whose bourn no traveller returns*, puzzles the will and makes us rather bear those ills we have Than fly to others that we know not of?«

2 Patrick Stewart, der Darsteller des Captains, war jahrelang Mitglied der Truppe.

3 Das Orginalzitat findet sich in Shakespeares As You Like It, II.7.

4 Es war die Stimme von Majel Barret, der Frau von Gene Roddenberry, die in der ersten Serienproduktion zudem noch Schwester Christine spielte, in der *The Next Generation* Lwaxana Troi (Deannas betazoid nervende Mutter) und in einer beizeiten abgestürzten Frühform von *Star Trek* den kühl und rational handelnden ersten Offizier, eine Art weiblichen Vorläufer von Mr. Spock.

5 So nennt im gleichen Akt von Henry V. der Chorus den König.

1 Norbert Schneider, »Das Fernsehen: ein Mythenproduzent?« in: *epd/Kirche und Rundfunk*, 1991, Nr. 38/39, S. 3–11; auch in: Knut Hickethier (Hg.): Fernsehen – Wahrnehmungswelt, Programminstitution und Marktkonkurrenz, Frankfurt/M. 1992, S. 109–127.

2 Thomas Höhl, »Star Trek – The Next Generation. Episode Guide«, in: *Trek World*, Nr. 41, Ausgabe 1/1996, S. 130.

3 Vgl. dazu Horace M. Newcomb & Paul M. Hirsch, »Fernsehen als kulturelles Forum«, in: *Rundfunk und Fernsehen*, 2/1986, S. 177–190, auch in: Hickethier, 1992, S. 89–107.

4 Vgl. dazu ausführlicher: Knut Hickethier, Die Fernsehserie und das Serielle des Fernsehens, Lüneburg 1991.

5 Vgl. dazu die Serien-Analysen in: Friedrich Knilli (Hg.), Die Unterhaltung der deutschen Fernsehfamilie, München 1971.

6 Vgl. dazu ausführlicher: Knut Hickethier, Film- und Fernsehanalyse, Stuttgart/Weimar 1993.

7 Vgl. Hickethier, 1971.

8 *Trek World*, 4/1995, S. 15.

9 Ebd., S. 23 f.

10 Dave Marinaccio, Alles, was ich im Leben wirklich brauche, habe ich von Star Trek gelernt, München 1995.

11 *Trek World*, 1/1996, S. 64 ff.

12 *Trek World*, 4/1995, S. 39.

Reiner Matzker. **Die Reise ins Paradies**

1 »Und fliegt und fliegt und...«, in: *Der Spiegel* 6/1995.

2 Vgl. Michael Jindra, »Star Trek Fandom as a Religious Phenomenon«, in: *Sociology of Religion* 1/1994; Jane Ellington & Joseph W. Critelli, »Analysis of a Modern Myth: The Star Trek Series«, in: *Extrapolation* 3/1983.

3 Stephen E. Whitfield, The Making of Star Trek, New York 1968.

4 Helmut W. Banz, »Star Trek II – der Zorn des Khan«, in: *Die Zeit*, 12. Nov. 1982.

5 Peter Hoff, »Star Trek VI«, in: *Neues Deutschland*, 13. März 1992.

6 Kathrin Reisinger, »In den Zoo-Palast gebeamt«, in: *Berliner Morgenpost*, 9. Feb. 1995.

7 Max Horkheimer & Theodor W. Adorno, Dialektik der Aufklärung. Philosophische Fragmente, Frankfurt/M. 1969, S. 46.

8 Vgl. Ronald M. Hahn, Die Star-Trek-Filme, München 1993.

9 Whitfield (1968).

10 Vgl. Peter Strasser: Die unvollendete Säkularisierung der Kunst. In: *Kursbuch*, Heft 122, Dez. 1995.

11 Whitfield (1968).

Martin Kasprzak, **Der Mensch in der Maschine**

1 Verkörpert wird er vom US-amerikanischen Darsteller Brent Spiner, der zuvor nur kleinere Rollen in Theater und TV bekommen konnte.

2 Hierzu ist anzumerken, daß Crusher-Darstellerin Gates McFadden vor ihrer Karriere bei *Star Trek* nach einer umfangreichen Ballettausbildung Rollen in diversen Musicals gespielt hatte. Die Choreographie für die Tanzszenen hatte sie selbst ausgearbeitet.

3 Gerade in der Originalfassung wird dies sehr deutlich, während in der deutschen Synchronisation vieles von dem darin enthaltenen Witz verlorengeht. Besonders bei Spock fällt dies auf.

4 Weitere Beispiele sind *The Day the Earth Stood Still* (*Am Tag, als die Erde stillstand*) und die deutsche Kult-Heftchenserie *Perry Rhodan*.

5 Zahlreiche Adaptionen für Film, Bühne (als Musical und Theaterstück), Comic, ja sogar als Computerspiel, zeugen von der außerordentlichen Popularität dieses Werkes zumindest im US-amerikanischen Raum. Die Verfilmung von 1939 mit Judy Garland in der Hauptrolle hat der Geschichte einen prägenden visuellen Stempel aufgedrückt, der sich in sämtlichen danach entstandenen Umsetzungen wiederfindet.

6 Vergleicht man die Figur in der Verfilmung von 1939 mit der Präsentation des Androiden durch Brent Spiner, so fallen deutliche Parallelen auf: der metallische Teint der Haut, die Augen, der etwas verwirrte Gesichtsausdruck und die abgehackten Bewegungen. Ob die Ähnlichkeit beabsichtigt war, läßt sich aus den mir zugänglichen Sekundärquellen nicht entnehmen. Die verfilmte Vorlage ist jedoch so bekannt, daß man zumindest eine unterbewußte Beeinflussung annehmen darf.

7 Die noch bekanntere und ältere Version der Sage führt die Bestrafung des Prometheus auf dessen Raub des göttlichen Feuers zurück. Prometheus bringt das Feuer den Menschen und wird deshalb angekettet.

8 *Shelleys Frankenstein, Bladerunner, 2001 – A Space Odyssey* oder *Saturn City* zählen zu den neueren Werken dieser Art.

9 Ebenfalls gespielt von Brent Spiner.

1 Was den durchaus praktischen Sinn dieser Unterscheidung nicht schmälert. Sie bietet nach wie vor notwendige Strukturierungsvorteile, etwa in Plattenläden, Konzerthäusern oder Rundfunkanstalten: Jeder weiß, was gemeint ist, und kann sich dann selbst entscheiden.

2 Diese Einteilung findet sich in: Niklas Luhmann, Die Realität der Massenmedien, Opladen 1996.

3 Ebd., S. 111 u. 109.

4 Peter Vorderer, »Rezeptionsmotivation: Warum nutzen Rezipienten mediale Unterhaltungsangebote?«, Manuskript 1996, S. 27.

5 Das wissenschaftliche Bemühen um die künstliche Kriegersprache ist kein Ausnahmefall. Auch für die Sprachen der Ferengi, Cardassianer, Vulkanier und Romulaner werden Kurse angeboten. Eigens ausgearbeitete Wörterbücher existieren bislang allerdings nur im Vulkanischen und Romulanischen.

6 William Shattner intoniert hier unter anderem *Mr. Tambourin Man*, Patrick Stewart erzählt aus *Peter und der Wolf* und Scotty gibt eine kleine schottische Serenade zum Besten.

7 In diesen imaginären Sternenflotten-Paragraphen geht es um Anweisungen, die die »Vernichtung intelligenten Lebens« und die »Vernichtung des gesamten intelligenten Lebens auf einem Planeten« betreffen.

8 Vgl. dazu das Werk des renommierten US-Physikers Lawrenz M. Kraus, Die Physik von Star Trek, München 1996, das u. a. auch eine deutsche Universität zu der Vorlesungsreihe »Physik bei Star Trek« anregte.

9 Neben zahlreichen Publikationen in Zeitschriften und Büchern, wie zum Beispiel die Roman-Trilogie Star Wreck von Leath Rewolinski, und diversen Musiktiteln, zählen hierzu Filme wie *Star Trek – The Next Degeneration* von Holger Neuhäuser und Klaus Knoesel und die *Highlander*-Produktionen von Robert Amper.

Die Autorinnen und Autoren

Stefan Berreth, geb. 1970, studiert Physik an der TU Berlin.

Torsten Dewi, geb. 1968, ist Redakteur für Programmplanung bei »Pro Sieben« sowie freier Autor. Übersetzungen der *Babylon-5*-Romane (ab 1994). 1996 sind von ihm *Das Babylon-5-Universum* und *Das SF-Jahrbuch 1996* erschienen.

Jacqueline de Giacomo, geb. 1964, studierte Anglistik und Geschichte an der TU und FU Berlin und verfaßt Science-fiction-Literatur.

Dr. Kai-Uwe Hellmann, geb. 1962, ist Politikwissenschaftler, Soziologe und Mitarbeiter beim *Forschungsjournal Neue Soziale Bewegungen* und *Soziale Systeme*. Er arbeitet als Lehrbeauftragter an der FU Berlin, der TU Berlin und der Humboldt-Universität zu Berlin.

Prof. Dr. Knut Hickethier, geb. 1945, lehrt Medienwissenschaft am Literaturwissenschaftlichen Seminar der Universität Hamburg. Er ist Leiter des DFG-Projekts »Fernsehästhetik der neunziger Jahre« und Vorsitzender der Gesellschaft für Film- und Fernsehwissenschaft (GFF). Publikationen u. a.: *Fernsehen* (1992), *Aspekte der Fernsehanalyse* (1993).

Martin Kasprzak, geb. 1966, studiert Medienberatung, Nordamerikastudien und Geschichtswissenschaften an der TU und FU Berlin und arbeitet als freier Autor für diverse Musikpublikationen.

Arne Klein, geb. 1965, ist wissenschaftlicher Mitarbeiter am Institut für Medienwissenschaften (Studiengang Diplom-Medienberatung) an der TU Berlin.

PD Dr. Reiner Matzker, geb. 1953, lehrt als Kommunikationswissenschaftler an der Universität Bremen. Publikationen u. a.: *Das Medium der Phänomenalität. Wahrnehmungs- und erkenntnistheoretische Aspekte der Medientheorie und Filmgeschichte* (1993).

Prof. Dr. Herfried Münkler, geb. 1951, ist Inhaber des Lehrstuhls für Theorie der Politik der Philosophischen Fakultät III der Humboldt-Universität zu Berlin. Publikationen u. a.: *Pipers Handbuch der Politischen Ideen, 5 Bde.* (Hg. zusammen mit Iring Fetscher; 1985–1993), *Politische Bilder. Politik der Metaphern* (1994).

Prof. Dr. Richard Saage, geb. 1941, ist Inhaber des Lehrstuhls für politische Ideengeschichte und politische Theorie an der Martin-Luther-Universität Halle-Wittenberg. Publikation u. a.: *Politische Utopien der Neuzeit* (1991), *Hat die politische Utopie eine Zukunft?* (1992), *Vermessungen des Nirgendwo* (1995).

Dr. Karlheinz Steinmüller arbeitet als Wissenschaftler am Sekretariat für Zukunftsforschung in Gelsenkirchen und ist einer der bekanntesten SF-Autoren der ehemaligen DDR. Publikation u. a.: *Vorgriff auf das lichte Morgen. Studien zur DDR-Science-fiction* (zusammen mit Angela Steinmüller) (1995).

Christopher Witte, geb. 1970, studiert Physik und Mathematik an der TU Berlin.